내 인생을 바꾸는 힘! 의지력

내 인생을 바꾸는 힘!
# 의지력

인근배 지음

경향미디어

서문
# 강력한 의지력을 원하는 사람들에게

어떤 사람은 몇 백 번의 실패에도 불구하고 포기하지 않았다고 한다. 또 어떤 사람은 하루에 세 시간만 잤다고도 한다. 무일푼에서 세계 최고의 부자가 된 사람도 있고 선천적인 장애를 극복하고 역사에 그 이름을 남긴 사람들도 있다.

우리는 역경을 이겨내고 성공한 사람들을 참 많이 알고 있다. 멀게는 에디슨, 슈바이처, 노벨처럼 위인전집에서 빠지지 않는 인물들도 있고, 가깝게는 벤처사업을 해서, 식당을 해서, 혹은 인터넷 쇼핑몰로 성공한 사람들도 있다.

그 외에도 많은 위인들이 어려운 환경을 이기고 각자 자기 분야에서 훌륭한 업적을 남겼다. 그들은 어려운 환경에서 태어났고 그것을 이겨냈고 마침내 자기 분야에서 최고의 성과를 일궈냈다.

그들의 성공 스토리는 언제나 매력적이다. 어렸을 적 위인전을 읽고 그 사람처럼 되고 싶다고 생각하지 않은 사람이 있을까. 거의 모든 사람이 위인이 되거나 혹은 부자가 되기를 꿈꾸지만 그들은 여전히 소수에 불과한 것은 무엇 때문일까?

나는 성공의 가장 기초적인 열쇠는 의지력이라고 생각한다. 성공하게 해 준다는 습관, 사고방식, 화술, 인맥관리 등에 대한 많은 비결이 있지만 그것들을 실천하는 것은 결국 의지력이다.

그런데 거의 모든 사람이 성공을 꿈꾸는 것과 마찬가지로 거의 모든 사람은 의지력이 그렇게 강하지 않다. 자신의 허약한 의지력을 탓해보지 않은 사람은 극히 소수에 불과할 것이다.

학창시절, 미루고 미루던 시험공부를 오늘은 밤을 새워서라도 끝내고 말리라 각오하지만 아침이면 책상에 엎드려 자고 있는 자신을 모습을 발견한다. 시험에 대한 걱정으로 머릿속이 하얘지고 '나는 왜 이 모양인가!' 하고 자신의 의지력을 원망한다.

성인이 되어서는 상황은 그렇게 달라지지 않는다.

뭔가 지금과는 다른 인생을 꿈꾸며 자기계발서들을 읽고, 많은 돈을 들여 영어학원에 등록하지만 그것은 잠시일 뿐 곧 예전의 생활로 돌아가고 만다.

태어날 때부터 의지력이 강한 '운 좋은' 사람이 있다. 하지만 운이 좋은 사람은 드물고 당신이 그 운 좋은 사람들 중 하나라면 이 책을 집어 들지도 않았을 것이다.

사람의 성격은 유전적인 요인과 어릴 때의 성장환경에 많은 영향을 받는다. 유전적인 요인도 성장환경도 우리가 선택할 수 있는 것은 아니다. 안타까운 일이지만 그것은 그저 주어진 것일 뿐이다.

그렇다고 마냥 '운 탓'만 하고 있을 수는 없다. 그럴수록 당신만 손해다. 많은 영향을 미친다는 것과 완전히 결정해 버린다는 것은 엄연히 다르다.

어쩌면 잦은 실패로 나에겐 의지력 따위는 없다고 생각하고 그냥 되는 대로 살고 있을지도 모르겠다. 어차피 시도해 봐야 안 되니까 괜히 애쓰지 말고 적당히 사는 게 속편하다고 말할 수도 있다.

하지만 당신은 그런 생활에, 그런 삶에 이미 불편을 느끼고 있을 것이다. 자기를 위한 특별한 노력을 하지 않고 그럭저럭 하루하루를 보내고 있지만 그게 얼마나 피곤한 일인지 당신은 이미 알고 있다. 열심히 일하는 사람보다 따분한 시간을 보내는 사람이 더 피곤한 법이다.

이 책에는 의지력을 강하게 하는 많은 방법들이 있다. 독자들은 여기에 나오는 모든 방법들을 다 실천할 필요는 없다. 그 중 자신에게 맞는 몇 가지만 꾸준히 해도 의지력은 분명 강해진다.

우리는 강력한 의지력을 갖고 싶다. 그럼 먼저 의지력이 정확하게 무엇인지 알아야 한다. 그리고 무엇이 의지력을 약하게 하는지 알아야 한다. 그리고 그것들과 싸우는 방법을 배우고 그것들과 싸울 의지력의 기초 체력을 길러야 한다.

지금부터 그 이야기를 하려고 한다.

차례
# CONTENTS

서문 _
## 강력한 의지력을 원하는 사람들에게 / 4

들어가기 전에 _
## 자신을 객관화시켜라
### 당신이 선장이다 / 17
### 당신의 신대륙은 무엇인가? / 19
### 선원들과 목적을 공유하라 / 21
### 선원들의 욕망을 인정하라 / 24
### 상처 입은 선원 / 27
### 부선장의 요구 / 29

## 1장 의지력은 목적력이다
### 바람은 보이지 않는다 / 34

골대 없는 축구경기? / 37
의지가 강해야 의지력이 강하다 / 41
신의 계시는 없다 / 44
인간은 모두가 죽는다 / 47
당신은 목표의 스토커? / 50
목표는 로또 당첨? / 54
일에 대한 열정이 바로 의지력이다 / 57

## 2장 자기합리화를 깨부숴라
자기합리화의 정체, 제대로 알자 / 62
자기합리화가 저지른 무서운 일들 / 65
셀 수 없는 핑계 거리 / 68
내 안의 수많은 나 / 71
자기합리화의 오랜 역사 / 75

## 3장 눈에 보여야 단련시키기 쉽다
의지력의 나무를 키워라 / 80
의지력 지압법 / 84
색깔 있는 의지력 / 89
불타는 장작 / 92
마음의 표창장 / 95

## 4장 의지력을 위한 좋은 습관
무의식의 방을 만들어라 / 100
결심할 때의 마음을 적어두라 / 104
아주 당연하고 일상적인 목표도
일단 적고 시작하라 / 108
일주일에 한 번 몸으로 좋은 일을 하라 / 112
'왜?'의 방향 / 115
자신에게 벌을 주라 / 118

거꾸로 생각하기 / 122

의지력을 방해하는 물건을 치워라 / 125

메모리 용량의 한계 / 128

## 5장 의지력이 당신을 탓하고 있다

도로표지판을 세워두라 / 132

작은 의지력이 큰 의지력을 부른다 / 135

의지력은 계단을 좋아한다 / 139

당신의 의지력이 약하다는 증거는 없다 / 142

그냥 열심히 하는 거지, 뭐? / 145

주위 사람들이 자신을
의지가 강한 사람이라고 생각하게 하라 / 148

본보기를 찾아라 / 153

존경하는 사람을 자신의 감시자로 삼아라 / 156

미래의 충고를 받아들여라 / 159

## 6장 의지력의 성격

겨울에는 나무를 베지 마라 / 164
뛰면 숨이 차다 / 167
강인한 체력에서 강인한 의지력이 나온다 / 170
사용하지 않으면 의지력도 퇴화된다 / 174
하고 싶은 일을 계속 유지하는 방법 / 177
관성의 법칙 / 181
파리 한 마리가 얼룩말을 죽인다 / 185
수동적 태도 / 188

## 7장 의지력은 긍정적인 에너지다

의지력은 확신을 먹고 자란다 / 194
자신의 결정을 믿어라 / 198
나 같은 놈이 무슨 큰일을 하겠어 / 202
당신은 완벽하지 않아 / 206

실패에 대한 두려움은
의지력을 약하게 만든다 / 211
무엇을 상상하는가? / 215
최대한 멋진 오늘을 상상하라 / 218
하기로 했으면 하면 된다 / 221

들어가기 전에
# 자신을 객관화시켜라

바둑을 둘 때 훈수하는 입장이 되면 직접 둘 때보다 훨씬 더 많은 수를 볼 수 있다. 축구 중계를 볼 때는 누구나 축구 전문가가 된다. 하지만 막상 직접 바둑을 두거나, 축구장에 뛰어들면 상황은 전혀 달라진다.

서로의 비밀을 잘 털어놓던 학창시절, 카운셀러가 아닌 사람은 없었다. 당신이나 당신의 친구가 조언자가 될 수 있었던 건 특별히 생각이 깊거나 아는 게 많아서가 아니라 고민하는 사람의 입장을 객관적인 눈으로 볼 수 있었기 때문이다. 한발자국 떨어져서 지켜보면 모든 게 한눈에 들어오기 때문에 정확한 판단을 할 수 있는 것이다.

우리는 지금 '선장과 선원의 비유'를 통해 자신을 객관화하는 방법을 배우려고 한다.

## 당신이 선장이다

 우리는 각자 자신의 운명이라는 배의 선장이다. 배는 지금 신대륙을 향해 가고 있는 중이다. 신대륙은 아직 어느 누구도 가보지 않은 곳이며 그 길을 '확신'하는 사람은 오직 선장뿐이다.

 배에는 수많은 선원들이 있다. 선원들 중에는 선장과 같은 목적지에 가고자 하는 자들도 있지만 그렇지 않은 선원들이 더 많다. 목적지가 다른 선원들은 불평을 쏟아낼 수밖에 없다. 아예 목적지가 없는 선원들도 있다. 어떤 선원은 큰소리로 불만을 이야기하기도 하지만 또 어떤 선원들은 그들이 원하는 것이 무엇인지 모를 만큼 작은 소리로 투덜거린다.

 불평을 쏟아내는 선원들이 각자 자기 위치에서 최선을 다하지 않는 것은 당연하다. 아예 노를 젓지 않는 자들도 있고 다른 선원들과 반대 방향으로, 혹은 엉뚱한 방향으로 노를 젓는 자들도 있다. 어떻게 하면 빠르고 안전하게 목적지까지 갈 수 있을까?

우리의 자아는 하나지만 그 안에는 수많은 욕망들이 뒤섞여 있다. 욕망들은 각자 크기만큼의 의지력을 가지고 있으며 그들이 가진 의지력은 줄어들기도 하고 더 커지기도 한다. 선장을 포함한 각 선원들이 가지고 있는 욕망의 크기가 바로 의지력의 크기다.

이 배는 바로 당신 자신이며 선원들은 당신의 내부에 있는 수많은 욕망이다. 그리고 선장은 당신의 '중심적 자아'이다. 중심적 자아는 내가 가고자하는 방향을 설정하며 자신을 객관적으로 볼 수 있는 유일한 자아이다. 중심적 자아가 갖고 있는 욕망은 다른 자아가 갖고 있는 욕망과는 다르다. 다른 자아들은 순간적인 편안함을 추구하지만 중심적 자아는 내 삶을 가치 있게 만드는 어떤 것을 하려고 한다.

당신이 태어나는 순간 배는 항해를 시작했다. 이 불만 많은 선원들을 이끌고 어디로, 어떻게 갈 것인가?

## 당신의 신대륙은 무엇인가?

우리가 가고자 하는 신대륙은 사기성 짙은 '콜롬부스의 신대륙'이 아니다. 이미 인디언들이 살고 있는 땅에 가서 새로운 대륙을 발견했다고 선언하는 바보 같은 일이 아니다. 일상에서도 마찬가지다. 누군가가 이뤄놓은 것을 공짜로 얻거나 남들과 똑같은 것을 바라는 것이 우리의 신대륙이서는 안 된다.

신대륙은 우리의 정신이 건강하고 활력으로 가득 차 있을 때 기대하는 자신의 모습이다. 우리는 힘들 때, 나태해져 있을 때는 건강한 삶을 꿈꾸기 힘들다. 그럴 때는 그저 로또처럼 횡재를 해서 편하게 살거나 노력을 해서 이뤄야 할 것들을 그 대가를 치루고 않고 얻으려 한다.

그 어떤 '백'도 없이 신입사원으로 입사해서 그 회사의 CEO가 되고 싶다면 그것은 당신의 신대륙이 될 것이다. 그리고 조금씩 진급해가는 과정 역시 신대륙일 것이다. 열심히 노력해서 그 위치에 도달했다 하더라도 그것이 신대륙의 종착역은 될 수 없다. 그 다음에는 새로운 신대륙을 향해 나아가야 한다. 따라서 신대륙은 마지막 도착지가 아니라 잠시 거쳐 가는, 한 단계 한 단계 '진화' 해 가고 있는 과정인 것이다.

당신의 현재 업무능력을 좀 더 끌어 올리는 것도 신대륙이며 중학생 수준인 영어실력을 대학생으로, 나아가 원어민 수준으로 발전시키는 것도 신대륙이다. 피곤함과 귀찮음을 물리치고 주말에 아이들과 잘 놀아주는 것도, 평소와 달리 친구의 어려움에 귀를 기울여 주기로 결심하고 실행하는 것도 신대륙이다. 학생이라면 영어 단어 하나를 더 아는, 아주 사소해 보이는 것 역시 신대륙이다. 우리는 매일 신대륙을 정복할 수 있다. 그리고 다음 단계의 신대륙으로 나아가야 한다.

신대륙으로 가기 위해 우리에게는 강한 의지력이 필요하다. 대부분의 사람들은 자신의 의지력이 약하다고 말하지만 그것은 정확한 표현이 아니다. 의지력이 약한 것이 아니라 의지력이 흩어져 있는 것이다. 스스로의 뜻에 따라 설정한 신대륙에 얼마나 의지력을 집중하는가에 성패가 달려 있는 것이다. 우리 내부에는 충분한 의지력이 있다. 문제는 그 의지력들을 수많은 자아가 나눠 갖고 있다는 점이다.

의지력을 많은 자아들이 나눠 갖고 각자 하고 싶은 것을 하려고 할 때 신대륙을 향한 의지력은 약할 수밖에 없다. 선원들이 선장의 신대륙에 동의하지 않고 각자의 욕망만을 주장할 때 선장은 힘이 없다. 아무도 선장 말을 들으려고 하지 않고 각자 자기 욕망만을 소리 높여 외친다. 그래서는 제대로 된 항해를 할 수 없다.

 어떻게 흩어져 있는 의지력을 하나의 대상, 즉 목표에 집중시킬 것인가? 그 방법은 선원들과 선장이 공동의 목적을 가지는 것이다.


## 선원들과 목적을 공유하라

 선장은 신대륙으로 가고 싶다. 하지만 그 바람만으로 선원들을 이끌 수 있는 것은 아니다. 뛰어난 지도력을 말하는 카리스마는 억지를 부린다고 생기는 것은 아니다. 먼저 선원들을 설득해야 한다. 목적에 대해 충분히 알고 그 가치를 선원들에게 가르쳐 줘야 한다.

강제로 하는 것은 당장 효과가 있을지 모르지만 길게 가지는 못한다. 상사가 시키는 일을 어쩔 수 없이 하는 직원들은 상사가 자리를 비우면 당장 게으름을 피울 것이다. 게으름을 피우지 않더라도 문책을 당하지 않을 정도로만 일할 것이다. 자신의 능력을 최대한 발휘하지 않는다. 교사들의 감독 아래서만 공부하던 학생들은 혼자 있을 때는 공부하지 않는다. 스스로 움직일 수 있는 동기와 에너지를 일으켜야 한다.

다른 선원들과 마찬가지로 선장 역시 아직 신대륙을 보지 못했지만 그것이 어떤 모습인지, 그 가치가 얼마나 소중한지 잘 알고 있다. 만약 선장이 신대륙의 모습을 정확하게 설명하지 못한다면 배를 세우고 다시 목표에 대해 생각해봐야 한다. 마치 그림을 그리듯이 생생하고 구체적으로 말해 줄 수 있어야 한다.

선장이 선원들에게 말하는 것은 흔히들 말하는 자신과의 대화다. 다른 누군가에게 말하는 것이 아니라 혼자 마음속으로 다짐을 하는 것이다. 그런데 그 방법은 의지력을 강하게 하는 데 그렇게 도움이 되지 않는다. 여태까지 우리는 수많은 다짐을 해왔지만 번번이 중도에서 무너지고 말았다. '작심삼일'이라는 오래된 말이 아직도 건재한 이유는 과거에서 현재까지 많은 사람들이 자신의 다짐을 제대로 실천하지 못했기 때문이다. 이런 식의 다짐이 그 일을 지속적으로 할 수 있는 의지력을 제대로 키워주지 못한 탓이다.

선장과 선원의 비유는 그래서 필요하다. 자신이 가고자 하는 목표를 선장으로서 강력하게 선원들에게 말하라. 그리고 선원들이 불평할 때마다 신대륙의 가치를 말해 주라. 외부에서든 내부에서든 강한 자극을 받으면 순간적으로 모든 선원들은 선장과 같은 목적을 가지게 된다.

하지만 그 자극은 그렇게 오래 가지 않는다. 선원들은 신대륙의 가치를 쉽게 잊어버린다. 선장은 신대륙의 가치를 정확하게, 그리고 가장 오래 기억할 수 있는 유일한 자아이므로 선원들에게 끊임없이 기억을 상기시킬 의무가 있다. 필요하다면 신대륙의 모습을 그림으로 그려 갑판에 붙여 두라. 선원들은 그 그림을 보면서 그들의 의지력을 당신에게 모아 줄 것이다.

## 선원들의 욕망을 인정하라

외부에서든, 내부에서든 어떤 자극을 받으면 선장의 힘은 강해진다. 자연히 선원들은 힘은 약해지고 선장의 말에 고분고분 따르게 된다. 하지만 자극의 효과는 그렇게 오래 가지 않는다. 얼마 지나지 않아 선장과 선원들의 힘은 예전의 상태로 돌아가게 된다. 그러면 다시 선원들은 자기 요구를 주장하기 시작한다. 그러면 배는 더 이상 전진할 수 없다. 어떻게 하면 강력한 선장의 힘, 의지력을 유지할 수 있을까?

이미 말했듯이 정답은 목적의 공유이다. 목적 공유의 중요성은 아무리 말해도 지나침이 없지만 다시 그 이야기를 하려는 것은 아니다.

선장이 선원들을 설득하기 위해서는 먼저 선원들의 욕망을 인정해줘야 한다. 그래야 설득이 가능하다. 무조건 억누르기만 해서는 언제 역습을 당할지 모른다.

낚시를 하고 싶은 선원이 있다고 하자. 그 요구에 대해 선장이 '쓸 데 없는 소리'라고 윽박지르기만 한다면 그 선원은 말은 못하지만 여전히 낚시에 대한 욕구를 가지고 있고 선장이 잠시라도 한 눈을 팔면 노를 놓고 낚싯대를 잡을 것이다.

선장은 이렇게 말해 줘야 한다.

"낚시를 하는 건 재미있는 일이다. 나 역시 낚시를 좋아한다. 하지만 우리는 수없이 많은 낚시를 해왔다. 기억해 보라. 낚시를 하는 시간이 길어질 때 마음이 편하던가? 갈수록 불편해지지 않던가? 노를 젓는 것은 힘든 일이다. 하지만 기억해보라. 네가 노를 저어 신대륙에 조금 더 가까워졌을 때 얼마나 뿌듯했는가를."

우리는 일을 하다가 웹서핑을 하고 싶다. 공부를 하다가 게임을 하고 싶다. 그런 욕망을 먼저 인정하라. 당연한 것으로 생각하라. 일을 하거나 공부를 하는 것은 많은 에너지를 소모해야 하는 힘든 일이다. 좀 더 편하고 싶은 욕망이 생기는 것은 아주 자연스러운 일이다.

무조건 억압한다고 욕망이 사라지는 것은 아니다. 그 욕망을 실현하는 것이 이 배에 전혀 도움이 되지 않는다는 것을 선원이 납득할 수 있도록 해야 한다.

'나는 왜 이럴까? 아무리 마음을 고쳐 먹어도 왜 계속 이런 욕망이 생겨나는 것일까? 역시 나는 의지력이 너무 약해서 아무것도 못하는 인간이야.'

이렇게 생각해서는 안 된다. 욕망을 인정해야만, 그런 욕망을 느끼는 자신을 인정해야만 설득이 가능하다. 일상생활에서도 상대를 인정해야 대화를 시작할 수 있다. 상대를 인간이하라고 생각하거나 대꾸할 가치도 없다고 생각하면 설득은 불가능하다. 피하거나 억압하거나 둘 중 하나의 선택만 있을 뿐이다. 그러나 우리 마음속의 욕망은 피하거나 억압할 수 있는 게 아니다. 순간적으로는 가능할지 몰라도 오랫동안 피하거나 억압할 수는 없다. 어리석은 욕망을 느끼는 자아도 모두 당신의 소중한 일부이다. 당신이 설득이 아니라 억압이라는 도구로 자신의 욕망을 억제한다면 스스로에게 깊은 내상을 남기게 된다.

## 상처 입은 선원

선장이 가만히 보니 배가 정면이 아니라 약간 비뚤게 가고 있는 걸 발견했다. 노를 젓고 있는 선원들을 살펴보니 한 선원이 노를 제대로 젓고 있지 않다. 선장은 불같이 소리를 지른다. 그러자 그 선원은 다시 힘을 내서 노를 젓지만 얼마 가지 않아 배는 또 비뚤게 가고 있다. 선장은 그 선원에게 가서 고함을 고래고래 지른다. 성질 더러운 선장이라면 발길질까지 할지 모른다.

그런 선원이 있다면 다짜고짜 고함부터 지를 게 아니라 그의 상태를 먼저 살펴야 한다. 어디 아픈 곳은 없는지, 상처가 있는 것은 아닌지 확인해야 한다. 그러지 않고 다그치기만 한다면 그 선원은 선장이 뒤돌아섰을 때 습격을 할지도 모른다. 즉, 당신의 의지력을 일거에 무너뜨릴지도 모른다는 것이다.

우리는 누구나 마음의 상처가 있다. 너무 어릴 때 받은 상처는 기억할 수 없지만 여전히 우리의 마음 깊숙한 곳에 남아 있다. 사실 기억할 수 없는 상처를 치유하기란 어려운 일이다. 문제는 우리가 기억할 수 있는 상처도 잊어버리려 한다는 것이다. 사람은 누구나 수치스런 기억이나 아픈 기억은 의도적으로 피하려는 경향이 있다. 그렇게 하면 날이 갈수록 기억은 희미해지지만 사라지는 것은 아니다. 그것은 언제나 우리에게 영향을 미치고 있고 그 영향은 거의 대부분 부정적이다.

어릴 때 부모에게 칭찬보다는 꾸중을 많이 들었다면 우리는 자신감을 상실하게 될 것이다. 그런데 그것을 애써 잊어버리려 하면 우리는 그 상태로 머물러 있을 수밖에 없다.

자신감을 예로 들어보자. 현재 자신의 자신감 부재의 원인 중 하나가 어릴 때 꾸중을 많이 들었기 때문이라고 가정하자. 그러면 그 상처를 가만히 지켜볼 필요가 있다. 그리고 그것을 받아들이고 인정함으로써 치유해야 한다. 그렇지 않으면 우리의 의지력은 여전히 상처를 갖고 있기 때문에 강해지기 어렵다.

이제 상담을 할 때다. 상처 입은 자아와 상담을 시도하라. 학창시절 상담실은 더러 매를 맞는 곳으로 변하곤 했지만 그렇게 해서 '문제 학생'이 모범생이 되었다는 이야기를 들어본 적이 없다. 문제를 안고 있는 자아와 깊은 상담을 통해 그의 상처를 이해해주고 토닥여주고 그리고 중심적 자아의 마음을 전해야 한다. 상담은 하루 이틀에 끝나는 것이 아니다. 길고 인내심 있는 대화가 필요하다.


## 부선장의 요구

만일 선장과 비슷한 힘을 가진 부선장이 선장의 목표에 동의하지 않는다면 어떻게 해야 할까? 부선장의 요구는 다른 선원들의 욕구와는 많이 다르다. 부선장 역시 신대륙을 꿈꾼다. 부선장의 신대륙도 충분히 가치 있는 목표다. 문제는 선장의 신대륙과 다르다는 것이다. 만일 부선장이 자신의 신대륙을 계속 고집한다면 배는 정상적인 항해를 할 수 없다.

부선장의 신대륙은 우리가 하고 싶은 또 하나의 일이다. 음악과 미술, 모두에 재능이 있는 고등학생이 진로를 고민하고 있는 것과 마찬가지다. 만약 음악을 선택한다면 미술은 부선장의 욕구가 될 것이다.

그리고 음악 공부를 하면서 힘들어질 때, 노력한 만큼 성과가 나지 않을 때마다 선장은 부선장의 신대륙을 선택해야 하지 않았을까 고민하게 될 것이다. '나한테 맞지 않는 일이 아닐까? 저 길로 가면 훨씬 더 쉽게 갈 수 있지 않을까?' 하는 식이다.

한 가지를 일을 하기로 결심했다는 것은 또 다른 일을 하지 않겠다고 결심하는 것과 같은 의미다. 하나를 얻기 위해서는 하나를 포기하는 대가를 치러야 한다. 그런 사실을 알고는 있지만 그 결심의 굳기가 항상 단단한 것만은 아니어서 쉽게 흔들리는 일이 많다.

하나의 목표를 이루기 위해서는 필수적으로 고통이 따라온다. 고통이 따르지 않는 목표는 가치 없는 것이거나 당신에 너무 쉬운 일이어서 아무런 의미가 없는 것이다. 그런데 그런 고통이 생길 때마다 우리는 부선장의 욕구를 생각하게 된다. 그렇다면 어떻게 하는 게 좋을까?

부선장의 신대륙도 인정해주라. 그렇다고 선장의 신대륙을 바꾸라는 이야기는 아니다. 부선장의 욕구는 취미로 남겨두라. 진로를 고민하는 학생이라면 음악을 선택하고 미술은 힘들고 피곤할 때 취미로 할 수 있을 것이다. 그렇게 한다면 자신의 또 다른 욕구를 만족시킬 수 있을 뿐만 아니라 스트레스를 해소할 수 있는 좋은 도구를 갖게 되는 셈이다.

이제 우리는 자신을 객관적으로 관찰할 수 있는 눈을 가지게 되었다. 지금 당신이 해야겠다고 결심한 일을 방해하는 욕망이 생길 때마다 이 선장과 선원의 비유를 생각하기 바란다.

# 의지력은 목적력이다

우리는 의지력이란 단어를 많이 사용한다. 굳이 입 밖에 내지는 않아도 수시로 자신의 의지력을 탓하며 크고 작은 절망을 하고 있다. 그래서 강력한 의지력이 내게 있으면 무슨 일이든 할 수 있다고 생각한다.

'의지력'이란 단어를 풀어 써보면 '무언가를 하고자 하는 마음의 힘'이라고 할 수 있다. 의지력에는 이미 목적, 즉 우리가 '무슨 일이든'이라고 말하는 것이 들어 있다.

## 바람은 보이지 않는다

바람을 본 일이 있는가? 만약 바람을 볼 수 있는 사람이 있다면 그는 공기도 볼 수 있어야 한다. 바람은 공기의 움직임이니까.

우리는 바람이 불어서 나무가 흔들리는 것을 보거나 살갗에 닿는 느낌으로 바람이 분다는 것을 알 수 있을 뿐이다. 뜬금없이 바람 이야기를 하는 것은 의지력이 바람과 비슷한 성질을 갖고 있기 때문이다. 의지력 역시 눈에 보이지 않는다는 것이다.

"난 의지력이 너무 약해."

"어떻게 그걸 알 수 있지?"

"나는 여태까지 계획을 한 번도 실천한 적이 없어. 마음먹었던 일들은 모조리 중도에 포기해 버렸어."

이처럼 우리가 가진 의지력의 강도를 측정할 수 있는 방법은 어떤 일을 했거나, 하지 못했을 때뿐이다. 그리고 실패했다면 얼마나 빨리 포기를 했는지, 해냈다면 얼마나 훌륭하게 마무리했는지를 보고 의지력의 강약을 가늠할 수 있을 뿐이다.

우리는 의지력을 강하게 하고 싶다. 왜 그런가? 의지력을 강하게 해서 어디에 써먹으려고 그걸 강하게 하려는가? 정답은 당연히 뭔가를 하기 위해서다. 의지력이라는 바람으로 하늘 높이 연을 날리거나 풍차를 돌리고 싶기 때문이다. 하고 싶은 일, 혹은 해야 할 일, 내 인생에 도움이 되는 일을 하기 위해 우리는 강한 의지력이 필요하다.

그럼 다시 묻겠다.

만약, 신이 나타나서 당신에게 초인적인 의지력을 준다면 당신은 그 의지력을 어디에다 쓸 것인가? 이 질문에 바로 대답하지 못했다면 당신에게는 의지력이 그다지 필요하지 않다. 쓸 데도 없는 걸 가져서 뭘 하겠는가?

무슨 이야기를 하려고 하는지 감을 잡았을 것이다. 그렇다. 바로 목적이다. 목적이 없다면 의지력은 전혀 필요 없는 물건인 것이다. 의지력이 없기 때문에 뭔가를 하지 못하는 것이 아니라 의지력을 생기게 할 만한, 확실한 목표가 없기 때문에 의지력이 없는 것이다.

## 골대 없는 축구경기?

축구경기장에서 골대가 사라진다면 축구선수들은 무엇을 해야 할까?

혹은 야구 경기에서 홈이 없고 1루, 2루, 3루가 없다면 선수들은 공을 쳐놓고 어디로 뛰어야 할까? 나아가 모든 스포츠에서 점수가 없다면 선수들은 무엇을 위해 뛰어야 할까?

이상한 이야기지만 한번 상상해보라. 선수들은 굳이 헐떡거리면서 공을 몰고 뛰지 않아도 된다. 그 빠른 야구공에 맞을지도 모르는데 타석에 들어설 이유가 없다. 관중들은 아예 경기장을 찾지 않을 것이다. 재미없는 게임을 무엇 하러 보겠는가?

애초 점수가 없다면 게임 자체가 불가능하다.

축구 선수들은 상대편의 골대에 '공을 넣으려고' 한다. 야구 선수들은 상대 투수의 공을 쳐서 다시 홈으로 돌아와 '점수를 내려고' 한다.

축구 경기에서 선수들은 지쳐서 다리에 쥐가 나도 열심히 뛴다. 바로 '골'이 있기 때문이다. 힘들어도 계속해서 뛰게 하는 것이 의지력이라면 '골'은 바로 목표다. 영어에서 'goal'은 목표라는 뜻이기도 하다. 우리에게 목표가 없다면 의지력도 필요 없다. 그럼 우리는 몇 십 년이라는 긴 경기 시간동안 그저 빈둥거리면서 지내야 한다.

운동선수들은 '공을 넣으려는' '점수를 내려는' 의지를 갖고 경기에 임한다. 무엇인가를 하려는 마음이 바로 의지인 것이다. 즉 의지는 다른 말로 '목적'이라고 불러도 된다는 뜻이다.

당신이 인생이라는 게임에서 반드시 점수를 내고야 말겠다는 생각이 없다면 굳이 타석에서 상대 투수를 노려보며 공을 치려고 애쓸 필요가 없다. 그저 타석에서 건들거리다가 불펜-인생에서는 무덤-으로 들어가면 그만이다. 그러나 우리들 중 누구도 그렇게 살다가 가고 싶은 사람은 없다.

우리는 타자의 마음을 생각해 볼 필요가 있다. 경기 상황에 따라 번트를 대야 할 필요도 있고 3루 쪽을, 또는 1루 쪽을, 혹은 한방의 홈런을 노릴 필요도 있다. 모든 것은 '점수를 내야 한다.'는 목적에 부합하는 것이어야 한다.

그렇다면 우리는 지금 타석에서 무엇을 하고 있을까? 우리는 점수를 내서 수많은 관중들의 환호를 받고 내년 연봉 협상에서 높은 급여를 받고 싶다. 그런데 의지력이 약한 탓에 타석에 들어서서 딴 짓을 하고 있다. 우리가 어떤 딴 짓을 하고 있는지, 왜 그러고 있는지는 천천히 말하기로 하자. 여기서 깨달아야 할 것은 자신의 목적이 무엇인지, 그것을 먼저 알아야 한다는 것이다.

엄마가 아이를 살리기 위해 자동차를 번쩍 들었다는 이야기를 들어 보았을 것이다. 아무리 '한국의 아줌마'가 힘이 세다고 해도 그 정도는 아닐 텐데, 어찌된 일일까?

나는 그 답을 절박함이라고 생각한다. 아이를 살려야 한다는 절박함이 그 무거운 자동차를 들어올린 것이다. 모르긴 몰라도 그 아줌마의 인생은 그 이후에 많이 달라졌을 것 같다. 자기 안에 그렇게 무서운 힘이 내재되어 있다는 것을 직접 체험했으니 못할 일이 무엇이겠는가.

목적이 없다면 의지력도 없다. 목적과 의지가 같은 말이라는 점을 명심해야 한다.

당신이 목적은 무엇인가? 그리고 그 목적은 당신에게 얼마나 중요하고 얼마나 절박한가? 그것이 얼마나 중요한가는 바로 당신이 그것을 얼마나 원하느냐에 달려 있다. 그리고 그 원하는 정도가 바로 의지력이다.

## 의지가 강해야 의지력이 강하다

배가 고프면 밥을 먹는다. 목이 마르면 물을 마신다. 텔레비전을 보다가 재미없으면 리모콘을 눌러 채널을 돌린다. 출근이나 등교를 하기 위해 버스나 지하철을 탄다.

이처럼 아주 사소해 보이는 일을 하는 데도 의지력은 필요하다. 의식을 하든 하지 않든 간에 밥을 먹으려 했고, 물을 마시려 했고, 채널을 돌리려 했고 버스를 타려고 했다. 뭔가를 하려고 했다는 것 자체가 의지다. 그런데 위에 든 예들은 누구나 잘한다.

왜 그럴까? 이미 말했듯이 사소한 일이기 때문이다. 쉬운 일이기 때문이다. 쉬운 일, 사소한 일에는 아주 사소한 의지력만 있으면 충분하다. 사소한 인생으로 살다가 사소하게 인생을 마감하고 싶은 사람이라면 굳이 이 책이 필요 없다. 그냥 책 살 돈으로 맛있는 밥을 사먹는 게 훨씬 낫다.

지금까지 이야기한 것을 바탕으로 의지력을 잘 생각해보면 의지력은 3가지로 이뤄져 있다는 것을 알 수 있다. 첫째, 목적이다. 둘째, 그 목적을 이루려는 마음이다. 셋째, 그 목적을 이루려는 마음이 얼마나 간절한가이다.

나는 목이 마르다. 그런데 얼마나 목이 타는가? 똑같이 목이 말라도 얼마나 목마른가에 따라 우물로 뛰어가는 발걸음은 다르다. 목이 굉장히 타는 사람은 다른 어떤 것도 보지 않고 오직 우물을 향해 달려간다. 그러나 갈증이 심하지 않은 사람은 우물을 찾아 가다가 다른 곳으로 갈 수도 있고 아니면 그 자리에서 빈둥빈둥 놀 수도 있다. 왜? 지금 당장 물을 마시지 않아도 되니까. 그리고 항상 갈증에 시달리면서도 우물까지 가는 동안 다른 곳에 정신이 팔렸던 사람이라면 우물물의 시원함을 알지 못할 것이다.

단순히 목이 마른 정도라면 별 문제가 아닌데 이 우물의 물을 인생의 목표라고 생각해보면 이야기가 달라진다. 한 사람은 목적을 향해 맹렬하게 달려가는 반면 다른 한 사람은 빈둥거리면서 인생을 허비한다.

당신의 우물은 무엇인가? 당신은 얼마나 목이 마른가?

# 신의 계시는 없다

　　　　　　　　　　　　술주정뱅이에 불과하던 노아는 어느 날 신의 계시를 받고 방주를 만든다. 그래서 물의 심판에서 살아남을 수 있었다. 노아는 스스로 배를 만들어야겠다고 생각한 게 아니라 그냥 '시키는 대로' 했을 뿐이다. 성경 말고도 세계의 신화를 보면 신들은 인간에게 계시를 내린다. 신이라는 절대적인 존재가 인간에게 이렇게 해라 저렇게 해라고 가르친다. 그것을 따르면 복이 오지만 어기면 무서운 벌이 따라온다. 사람이 할 일은 그저 시키는 대로 하면 된다.

　갑자기 무슨 계시 타령이냐고 할지도 모르겠다. 혹시 이 책을 읽는 독자 중에 신의 계시를 받은 사람이 있는가? 그렇다면 당신은 이 단락은 읽지 않아도 좋다. 그러나 그렇지 않다면, 아직까지 스스로 인생의 목적을 찾지 못한 사람이라면 계속 읽어보기 바란다.

'신의 계시는 없다'라고 한 것은 온몸이 떨릴 정도로 강렬하게 자신을 사로잡는 목표는 없다는 말이다. 적어도 자신이 그것을 인생의 목적으로 정하지 않는 이상.

온몸에 전율이 오르는 인생의 목표를 갑자기 만나는 행운을 누리는 사람은 극히 드물다. 누구나 이런 저런 일들에 관심을 가지고 있고 그 관심은 산만하기도 하다. 그리고 무언가 하나를 선택하는 것이 두렵기도 하다. '모든 것을 던졌다가 실패한다면' 하는 두려움은 누구나 가지고 있다. 그래서 대부분의 사람들이 그 많은 관심들 중 하나를 선택하지 못하고 이것저것 기웃거리기만 하다가 적절한 시기를 놓쳐 버리기 일쑤다.

'과거로 돌아갈 수 있다면…'하는 생각을 한 번쯤 하지 않는 사람이 있을까? '지금 이 생각을 가지고 과거로 돌아간다면 정말 열심히 살 텐데'라고 생각한다. 시간은 되돌릴 수 없다는 말을 하기 위한 것이 아니다. 우리가 그때로 돌아가고 싶은 것은 현재 내가 되기를 바라는 '나의 목표'를 향해 과거에 노력했다면 지금쯤 그 목표가 이뤄졌을 것이라는 기대 때문이다. 즉, 그때 목표를 잡지 못하고 갈팡질팡하지 않았다면 지금의 내가 훨씬 더 괜찮은 모습이었을 것이라는 짐작 때문이다.

산만하다는 게 꼭 나쁜 것만은 아니다. 그러니 자신의 산만함을 너무 자책하지 않았으면 한다. 산만하다는 건 그만큼 호기심이 왕성하다는 것이다. 그건 어떤 일에도 관심을 보이지 않는 것보다는 훨씬 낫다. 문제는 선택과 집중이다. 여러 가지 관심거리 모두를 자세히 연구해 보라. 내가 하고자 하는 일, 내가 되고자 하는 사람이 어떤 것인지 정확하게 파악해 보라. 그리고 하나를 선택하고 거기에 온 힘을 집중하라. 그 선택과 집중이 바로 의지력이다.

## 인간은 모두가 죽는다

『인간은 모두가 죽는다』라는 소설의 저자는 『제2의 성』으로 유명한 시몬드 드 보봐르, 사르트르와 계약 결혼을 하기도 했던 작가이자 철학자이다. 그녀의 인생은 파란만장하지만 여기선 작품 이야기만 하자.

고교 시절, 한창 인간이란 무엇인가? 죽음이란 어떤 의미인가?라는 어설펐지만 진지한 고민을 하고 있던 터라 뭔가 가르침을 주리라 기대하고 읽은 책이었다. 기대한 내용은 아니었지만 나름대로 많은 것을 생각하게 한 책이었다.

내용은 대략 이렇다.

주인공은 혁명을 통해 왕을 죽이고 스스로 왕이 된다. 그런데 궁에서 어떤 사람이 개발한 불로장생약을 먹게 된다. 이제 그는 죽지 않는다. 밥을 먹지 않아도 숨을 쉬지 않아도 칼에 찔려도 그는 죽지 않는다. 그런데 인간은 모두가 죽는다고?

그는 오랫동안 살면서 온갖 일을 한다. 왕으로서의 권력도 마음껏 누려보고 나름대로 좋은 일도 해 본다. 그러다가 그는 모든 일에 흥미를 잃어버린다. 그의 나이가 600살이 넘었던 것으로 기억한다. 그는 현재 정신병원 잔디에 누워 있다. 아무 일도 하지 않는다. 할 필요도 없고 할 의욕도 없다. 소설의 끝부분, 그는 숲 속으로 걸어 들어간다.

왜 인간은 모두가 죽는다,라는 말을 하면서 영생불멸을 존재를 만들었을까? 그건 목적 없는 인간, 의지 즉 뭔가를 하려는 마음이 없는 인간은 이미 죽은 것과 다름없다는 것을 말하기 위함이 아니었을까?

만약 당신을 잡아끄는 목적이 없다면 지금 당장 찾아라. 당분간은 목적을 찾는 것을 목적으로 하라. 그렇지 않으면 당신의 긴 생은 시체놀이 이상도 이하도 아니다.

우리는 하늘이 이미 정해놓은 운명이 있는지, 없는지 알 수 없다. 그러나 스스로 운명을 만들 수는 있다. 누군가 이 일이 나의 운명이라고 말한다면 그는 하늘이 자신에게 정해준 운명을 알았기 때문이 아니라 스스로 그 일을 자신의 운명으로 결정했기 때문이다. 사랑하는 사람을 자신의 운명이라고 하는 것도 마찬가지다. 사랑하기 때문에 상대를 자신의 운명으로 선택한 것이지 어느 날 신이 나타나 '그 여자가(혹은 그 남자가) 너의 운명이다'라고 말해 준 것은 아니다.

　어떤 일이든 내가 그것을 나의 목표로 삼는다면, 그리고 그것을 이루기 위해 매진한다면 그것이 바로 진정한 인생의 목표가 된다.

　우리는 '하고 싶은 일이 너무 많아서' 혹은 '나를 확 잡아끄는 일이 없어서'라며 망설인다. 차라리 가다가 아니면 방향을 바꾸면 된다고 생각하자. '가다가 아니 가면 아니 감만 못하다'고 하지만 그 자리에 정체되어 있는 것도 그렇게 바람직한 일은 아니다.

# 당신은 목표의 스토커?

누구에게나 '희미한 옛사랑의 그림자'는 있다. 누군가를 참 좋아했지만 말도 못하고 옆에서 바라만 보고 있었던 속앓이를 한 번쯤 해보지 않은 사람이 있을까. 혹시라도 고백하면 거절당할까봐, 그리고 그 상처가 두려워서 속으로만 담아둔 사랑이 있을 것이다. 그리고 이상스럽게 감상적이 되는 날이면 그때 그 일이 떠올라 쓴 웃음을 짓기도 한다.

당신이 지금 짝사랑하는 목표는 무엇인가? 그 목표에게 당신의 사랑을 고백했는가? 그 목표가 당신을 사랑할 수 있도록 어떤 노력을 했는가?

 사랑은 내가 마음만 담아 두고 있어도 그게 은연중에 드러나게 되고 그것을 알아차린 상대도 당신을 좋아한다면 둘 사이에 행복한 관계가 생길 수도 있다. 하지만 목표에 대한 짝사랑은 그렇게 해서는 절대 이뤄지지 않는다.

 강하게 원할수록 시도를 회피하려는 마음이 강하게 작용하는 때도 있다. 실패로 인한 상처가 두렵기 때문이다. 그렇게 세월이 간다. 그리고 늙어서 그때 고백을 한 번 해봤더라면, 그때 따귀를 맞을지언정 사랑한다고 말해볼걸 하고 후회한다. 그때는 당신의 사랑도 늙어서 너무 늦어버릴 수 있다.

 이외수 씨가 오래 전에 펴낸 수필집에 이런 내용이 있었다. 당시 그는 시골에서 도라지를 재배하고 있던 친구 집에서 얹혀 지내고 있었다. 그런데 그의 친구가 어떤 여자를 좋아하고 있었는데 말도 못하고 속으로만 끙끙 앓았다. 그러다가 이외수 씨에게 대신 연애편지를 써달라고 부탁했다. 뛰어난 문장력으로 수많은 편지를 보내 봤지만 그 아가씨는 끄덕도 하지 않았다고 한다. 결국 이 씨도 포기하고 말았다. 그런데 어느 날 그 사랑이 이뤄지고 말았다. 이 씨는 어떻게 한 거냐고 물었다. 그 친구의 방법은 바로 꽃이었다.

어떻게 들어갔는지는 알 수 없지만 그녀의 방에 자신이 재배하던 도라지의 꽃을 갖다 놓았던 것이다. 한두 송이가 아니라 온 방이 도라지꽃 향기로 가득 차 있었다. 그에 감동한 그녀가 그 시골총각의 사랑을 받아들인 것이다. 그녀는 처음 연애편지를 받고 그가 지독한 바람둥이라고 생각했다고 한다. 그런데 꽃이라는, 자신이 직접 기른 도라지꽃을 바친 진심에 마음을 열었다고 한다.

사랑을 얻는 방법이 무궁무진한 것처럼 목표를 이루는 방법도 무궁무진하다. 문제는 얼마나 진심이 담겨 있는가 하는 것이고 그 진심을 어떻게 실행할 것인가 하는 것이다.

친구들이나 가족들에게 자신의 목표를 말하라. 말하다 보면 그 목표는 좀 더 확고하게 굳어지고 그 와중에 새로운 방법이 떠오르기도 한다. 또 목표를 향한 계획의 허점을 발견하는 일도 있다.

사랑한다면 고백하라. 따귀를 맞으면 다른 방법으로 고백하

라. 말도 못하면서 그 주위를 맴도는 건 스토킹에 불과하다. 당신은 목표의 스토커가 되고 싶은가.

# 목표는 로또 당첨?

매주 10억 이상의 로또 당첨자들이 몇 명씩 나온다. 로또복권을 산 사람들 중에는 매일 잠 잠자리에서 로또 당첨금을 어떻게 사용할까 하는 '행복한 고민'을 하는 사람도 적지 않을 것이다.

로또를 산 사람들은 하나같이 1등에 당첨 '되고 싶다.'고 말하지 나는 1등에 당첨 '되겠다.'고 말하는 사람은 없다.

그런데 우리는 우리의 목표의 이루는 데에도 로또를 샀을 때처럼 '되고 싶다.'라고만 생각하고 있지는 않은가.

많은 사람들이 부자가 되고 싶어 한다. 특히 우리나라의 부자열풍은 상상을 초월한다. 그래서 부자가 되는 비결을 가르쳐 준다는 책도 부지기수다. 그런데도 그런 책을 읽고 부자가 됐다는 사람은 드물다.

왜 그런가? 책 자체의 오류가 있을 수도 있지만 책에서 제시하는 부자들의 비결을 실천하는 사람이 적기 때문이라는 게 내 생각이다. 그것은 달리 말하면 부자가 되고 싶은 사람은 많지만 부자가 되고 말겠다는 사람이 적기 때문이다.

'뭔가가 되고 싶다.' 는 말은 많이 하지만 '뭔가가 되고 말 것이다.' 라고 말하는 사람은 드물다. 이 차이는 엄청나다. '될 것이다.' 라고 말하는 사람의 마음에는 이미 행동에 대한 의지가 들어가 있지만 막연히 되고 싶다고 말하는 사람에게는 그저 바람만 있을 뿐이다.

또한 '될 것이다' 라고 말하는 사람은 그것을 이루기 위한 계획을 세워 두고 있지만 바람만 갖고 있는 사람은 계획이 없다. 그런 사람들에게는 정말 부자가 되고 싶은지, 정말 자신이 바라는 것을 이루고 싶은지 묻고 싶다.

목표를 이루는 것은 쉬운 일이 아님이 분명하다. 그러나 로또에 당첨되는 것보다는 쉽다. 그리고 또 하나 확실한 사실은 우리에게 알라딘의 램프가 주어지지는 않을 것이라는 사실이다. 자신의 목표를 이룰 수 있는 것은 오직 자신뿐이다.

# 일에 대한 열정이 바로 의지력이다

인생의 목표라고 하면 꽤 거창하게 들리고 때에 따라서는 근사해 보이는 일도 있다. 특히 분위기 좋은 식당에서 아련한 눈빛으로 오래 전부터 꿈꿔왔던 목표를 말하면 멋있게 보일 만도 하다.

그런데 일이라고 하면 어떤가? 대부분의 직장인들에게 일은 따분하고 귀찮고 하기 싫은 것으로 떠오른다. 왜 사냐건 웃지요,가 아니라 왜 사냐면 죽지 못해 살고, 왜 직장에 다니냐면 먹고 살려고 다닌단다.

당신이 이런 생각을 갖고 있다면 목표에 관한 한 아직도 초등학생의 장래희망 발표 수준에 머물러 있다는 것을 증명한다. 인생의 목표, 꿈은 어느 순간 갑자기 이뤄지는 것이 아니다. 매일매일 당신이 하는 일들이 모이고 모여 꿈을 구성하는 것이다.

NGO에서 일하는 활동가 중에 아는 사람이 한 분 있다. 그 당시 그의 나이는 30대 중반이었고 결혼도 했고, 아이도 있었다. 당시에 그가 받던 활동비-급여라고 표현하지 않는다.-가 70만 원이었다. 그의 아내도 그와 비슷한 일을 하고 있었다. 저축도 조금씩 한다고 했지만 경제적인 어려움이 상당했을 거라고 짐작한다.

어떤 사람은 대단하다고 말할 것이고 또 어떤 사람은 정신 나간 사람이라고 비웃을지도 모른다. 그 활동가의 입장에서 생각해보자. 일은 고되고 돈도 안 되는 일에 왜 그렇게 '목숨'을 걸고 일하는 것일까?

그렇다. 신념이다. 자기가 지금 하고 있는 일에 대한 신념 때문에 하고 있는 것이다. 그 신념이 힘든 상황을 이겨내게 만드는 것이다.

일에 대한 열정은 그 일이 중요하다는 믿음과 동의어다.

당신은 당신이 지금 하고 있는 일을 얼마나 귀중하게 생각하고 있는가? 자신의 일이 중요하지 않다는 생각을 갖고 있다면 조금만 확장해 보자. 그러면 당신이 하는 일이 얼마나 귀중한 일인지 알게 된다.

청소부라면 거리의 작은 유리조각이 꼬마의 맨발에 파고들지도 모른다는 생각을 해야 한다. 조그만 볼트 하나라고 대충 만들었다가는 기계 전체가 고장날지도 모른다는 생각을 해야 한다. 하다못해 차에 실린 짐을 묶을 때도 혹시라도 풀어져서 물건이 떨어지면 어떻게 될까 생각해야 한다. 그렇게 생각하면 중요하지 않은 일은 아무것도 없다.

"무의미한 일은 없다. 인간성을 고양시키는 모든 일은 존엄하고 중요하며 몸과 마음을 다해 열심히 그 일을 해야 한다. 만약 누군가에게 거리의 청소 일이 맡겨졌다면, 그는 미켈란젤로가 그림을 그리듯, 베토벤이 음악을 만들듯, 셰익스피어가 시를 쓰듯 그렇게 거리를 청소해야 한다. 하늘과 땅의 주인이 가던 길을 멈추고 여기 자신의 일을 참으로 열심히 했던 한 홀

륭한 청소부가 살았노라고 말할 수 있도록."

　마틴 루터 킹 목사의 말이다.

　당신이 자기 일을 중요하게 생각하는 만큼 그 일에 신중해지고 열정이 생긴다. 그리고 열정 자체가 바로 의지력이다.

# 자기합리화를 깨부숴라

자기합리화만 제대로 막아내도 우리는 놀라울 정도의 의지력을 갖게 될 것이다. 하지만 이것을 원천적으로 차단하는 것은 불가능하다. 자기합리화는 사람이라면 누구나 갖고 있는 본능 같은 것이기 때문이다.

어떤 일을 중단할 때는 항상 이유가 있다. 정말 합당한 이유일 수도 있지만 대부분은 자기합리화에 따른 핑계에 불과하다. 그리고 우리는 그 사실을 잘 알고 있다. 다만 스스로 모른 채 하고 있을 뿐이다.

# 자기합리화의 정체, 제대로 알자

　자기합리화는 의지력을 꺾는 '강력범'이다. 다들 알다시피 자기 합리화는 비합리적인 것을 합리적인 것으로 바꾸는 심리적 방어작용을 말한다. 스스로 자기가 잘못했다는 것을 알면서도 그걸 그대로 인정하지 않는 것, 타당하지 않는 것을 자신의 편익이나 안전을 위해 타당한 것으로 생각하는 것 등이다. 이런 정신적 작용들은 스스로 상처받지 않기 위함이다.

　사람은 누구나 자신은 거의 완벽하고 올바른 사람이라고 생각한다. 비록 다른 사람 앞에서는 '저는 참 못난 사람입니다.'

라고 말해도 속으로는 그렇게 생각하지 않는다. 그렇게 말하는 건 그저 겸손일 뿐이거나 자기합리화의 또 다른 형태인 자기비하일 뿐이다.(자기비하에 대해서는 따로 이야기하게 될 것이다.)

자기합리화는 많은 상황에서 다양한 형태로 작동하지만 여기서는 우리의 결심을 꺾는 부분에만 집중하도록 하자.

우리는 수시로 결심하고 수시로 그 결심을 꺾는다. 그렇게 하는 것은 참 못난 일임을 스스로도 알고 있다. 그런데 올바른 자신이 스스로 계획한 일을, 그것도 작심삼일로 끝내 버리는 것을 용납할 수 없는 것이다. 그러니 적당한 이유, 즉 핑계를 찾아야 한다. 그것이 핑계에 불과했다는 것은 시간이 지난 다음에야 깨닫게 된다.

이솝우화에 나오는 여우 이야기를 들어 봤을 것이다. 배가 고픈 여우는 먹을 것을 찾아 다녔다. 그러다가 마침내 포도를 발견한다. 그런데 포도가 너무 높이 매달려 있어서 아무리 뛰어도 따먹을 수가 없었다. 여우는 이렇게 위로한다.

"저 포도는 너무 시어서 먹을 수 없을 거야."

이 방어기제는 사람이라면 누구나 갖고 있는 것이어서 그 마수에서 벗어나기란 여간 어려운 일이 아니다. 또 적당한 자기합리화는 정신 건강에 도움이 되는 면도 있다. 사람이라면 모든 일에 완벽할 수 없고, 그러다 보면 후회할 일도 생긴다. 그럴 때마다 그 문제에 매달려서 죄책감을 느끼고 괴로워한다면 아무 일도 할 수 없을 것이 분명하다.

그렇다고 해서 '봐라, 자기합리화는 꼭 필요하다니까.' 라고 말하는 것은 또 다른 자기합리화일 뿐이다. 자신의 삶을 자신이 꿈꾸는 것으로 바꿔가기 위해서는 이런 자기합리화를 최소한으로 줄여야 한다.

스스로 나는 자기합리화에 능숙하다고 생각한다면 당신에게는 희망이 있다. 무슨 이야긴가 하면 자기합리화는 어쨌든 그럴듯한 이유를 찾아내야 하기 때문에 머리가 나쁘면 할 수 없는 일이다. 그러니 그 좋은 머리로 핑계를 찾지 말고 의지의 대상을 향해 전진하는 발판으로 삼기 바란다.

## 자기합리화가 저지른 무서운 일들

다음은 내가 직접 겪은 것으로 독자들에게 자기합리화라는 것이 얼마나 무섭고 어이없는 결과를 초래할 수 있는지를 말하기 위함이다.

시골 마을에 30대 후반쯤 되는 알콜중독자가 있었다. 심각한 상황으로 병원에도 몇 번 들락날락했던 것으로 기억한다. 무엇 때문에 알콜중독자가 되었는지, 어떤 힘든 일이 있었는지 나는 알지 못한다.

하루는 마을에서 작은 잔치가 있었다. 잔치니 만큼 당연히 술이 있었지만 아무도 그에게 술을 권하지 않았다. 왜냐하면 그의 상태를 잘 알고 있었기 때문이다. 그런데 결국 그는 술을 먹었다. 어떻게 먹었냐고? 그는 막무가내로 술병을 잡아채지 않았다. 그 방법은 이랬다.

아무것도 아닌 일에 자꾸 화를 내고 옆 사람에게 시비를 걸려고 하는 것이다. 술 때문에 신경이 예민해져서 그렇다고 생각할 수 있겠지만 그게 아니다. 그는 술을 마실 이유를 찾았던 것이다. 그냥 술을 마시는 것은 여태까지 수많은 자기 결심을 배반하는 일이다. 게다가 늘 걱정하는 부모님 생각 때문에 그럴 수 없었던 모양이다. 그러니 화를 내는 것이다.

'나는 화가 났다. 그래서 술을 마신다. 화가 나면 술을 마시는 것은 당연하다.'

그는 그런 식으로 계속해서 술을 마셨을 것이다. 그가 살아 있다면 아직 쉰 살이 되지 않은 나이다. 극단적인 경우지만 자기합리화는 이렇게 무서운 결과를 초래하기도 한다.

자기합리화는 때로 기억을 조작하기도 한다. 사람들은 현재가 힘들면 과거로 돌아가고 싶어 한다. 혹은 이 힘든 시절이 얼른 지나가버려서 미래가 되어버렸으면 좋겠다고 생각한다.

그래서 아주 어린 시절을 떠올리곤 하면서 그땐 정말 걱정 없고 좋았다고 말한다. 그러나 많은 경우 그들은 그 시절의 기억을 '조작'하고 있다. 좋은 기억만 갖고 있고 나쁜 기억은 모조리 지워 버리는 것이다.

혹시 당신이 그렇게 그리워하는 과거 어느 시점의 일기가 있다면-물론 검사 받기 위한 것이 아니라 진심을 쓴 것- 한번 찬찬히 읽어 보기 바란다. 얼마나 많은 고민이 있었는지, 얼마나 괴로운 일이 많았는지 알게 될 것이다. 실제로 학창시절 친구들과 이야기를 하다 보면 똑같은 사건인데 다른 사건인 것처럼 전혀 다르게 기억하는 경우가 많다. 그리고 이야기를 들어 보면 대개 자신에게 유리하게 기억하고 있다는 것을 발견하게 될 것이다.

한때 유행했던 '복고풍 영화'들도 사람들의 이런 심리를 이용했던 게 아닌가 싶다. 수없이 많은 사람들이 죄 없이 끌려가고 고문당한 시절을 아름답게 묘사하고, 거기서 자신의 '아름다운 과거'를 추억하려는 관객들도 자기합리화의 기억조작에 놀아나고 있는 것인지도 모른다.

과거는 대가를 지불하지 않아도 되기 때문이다.

# 셀 수 없는 핑계 거리

100명 중 99명은 다음과 비슷한 경험을 했을 것이다.

'일단 큰 맘 먹고 책상에 앉아 책을 펼친다. 첫 문장을 읽기도 전에 오줌이 마렵다. 일을 보고 나서 앉았더니 이번엔 목이 마르다. 물을 마시고 책상으로 오려는데 전화가 온다. 전화를 받고 나서 이번에야 말로 공부를 해보겠다고 책상에 앉는다. 그때 이미 의지력은 상당히 약해져 있다. 아! 그런데 근처 공사장에서 소음이 들려온다. 집 근처에서 아이들이 노는 소리가 시끄럽다. 독한 마음을 먹고 귀에 화장지까지 쑤셔 넣어보지만 그 순간 우리는 '소머즈'가 된다. 개미 기어가는 소리마저 들릴 지경이다. 이때 당신의 의지력에 결정타를 날리는 소리, 가서 두부 한 모만 사와라. 어이그, 내가 무슨 공부를 해.'

학창 시절 이런 상황 한 번 겪어 보지 않은 사람이 있을까? 이게 모두 자기합리화라고 하면 너무 냉정하다고 할지 모르지만 사실 모두 자기합리화에 불과하다.

상황을 바꿔 보자. 역시 학창시절이다. 그때는 궁금한 것도 참 많고 매일 보는 친구들인데도 참 할 말도 많았다. 인생이야기, 여자 혹은 남자 이야기, 선생님 이야기 등등 소재는 무궁무진하다. 그때, 한창 이야기에 빠져 있을 때 목이 마르거나 오줌이 마렵던가? 설사 목이 마르고 화장실이 급해도 참는다. 심지어 선생님이 옆에 올 때까지 아무것도 모르고 이야기에 빠져 있는 경우도 많다.

우리는 계획한 일을 하다가 힘들어지면 피곤해서, 술을 마셨으니까, 어제 많이 했으니까 하는 핑계들을 댄다. 영어공부를 해야겠다고 비싼 책까지 사서 책상에 앉았지만 여태까지 하지 않았던 외국어가 갑자기 술술 풀릴 리 없다. 그러면 왜 영어가 중요한가? 차라리 이 시간에 다른 업무를 익히는 게 훨씬 낫다고 생각하고 그만둔다. 정작 영어 때문에 승진에서 누락됐으면서 말이다.

고등학교 때 수학 때문에 애를 먹는 학생들이 많았다. 어떤 친구들은 아예 수학공부는 하지 않았다. 그러면서 어차피 수학은 해도 성적이 안 나오니까 다른 암기과목에서 보충을 하겠다는 비장한 계획을 세우곤 했었다. '어차피 공부해도 성적이 안나오니까' 라고 자기합리화를 한 것이다. 그러나 그때 그 친구들은 다른 사람들은 암기과목도 공부하면서 수학도 공부한다는 사실은 생각하지 않았던 것이다. 조금만 더 생각해 보면 자신의 생각이 얼마나 잘못된 것인지 쉽게 알 수 있었을 것이다.

## 내 안의 수많은 나

한 가지 사실을 놓고도 우리는 무수히 많은 생각들을 한다. 달리 말하면 수많은 자아가 우리 안에 있다고 할 수 있다. 지킬 박사와 하이드처럼 선악의 구분이 명확하지는 않지만 우리가 갈등을 느끼는 것 자체가 우리 안의 다양한 자아를 보여 주는 것이라 하겠다.

먼저 의지가 꺾이려는 조짐이 나타나면 자신의 내면을 들여다보라. 열에 아홉은 '의지력 강한 나'와 '핑계를 찾는 나'가 치열한 전투를 벌이고 있을 것이다. 또는 '둘이 적당히 타협하라고 꼬드기는 나'도 있을 것이다.

"내일 중요한 회의가 있으니 지금 자료 조사를 해야 해."

"바보야, 아무도 너처럼 준비 안 해."

"임기응변으로 적당히 넘어가면 돼. 잠이나 자라고."

"너 어제 야근해서 피곤하잖아. 잠깐만 쉬고 해."

"이렇게 산만해서야 어떻게 일을 하겠어? 일찍 자고 내일 새벽에 일어나서 하는 건 어때?"

이렇게 자신의 내면을 들여다보면 '나쁜 마음'에 저항하기가 훨씬 더 수월해진다. 의지가 조금씩 꺾이고 있는데도 방치하고 있다가는 어느새 '나쁜 나'가 마음을 점령하고 만다. 그러니 언제나 자신에 대한 경계를 게을리 하지 말아야 한다.

위의 예처럼 어떻게 해야 할지 정답이 명백한 경우에는 사실 크게 문제가 되지 않는다. 자기합리화에 대한 저항이 쉽지 않은 것은 우리의 머리가 그렇게 나쁘지 않기 때문이다. 즉, 상당히 그럴 듯한 이유들을 찾아낸다는 것이다. 그리고 나 아닌 다른 사람이 내 머릿속에서 일어나는 생각의 변화들을 감시해 줄 수 없기 때문에 그 핑계들의 허점을 쉽게 찾아낼 수 없다. 다시 말해 스스로 어떤 생각을 하고 스스로 그 생각의 허점을 찾아내는 것이 쉽지 않다는 말이다.

그럼 자기합리화와 정당한 이유는 어떻게 구별할 수 있을까? 우리가 어떤 결심을 하고 일을 시작했을 때 잘못된 점이 나타날 수 있다. 처음 판단이 잘못됐을 가능성은 얼마든지 있다. 그러므로 우리에게 드는 생각이 자기합리화인지 아니면 정당한 이유인지 구별해야 올바른 판단을 할 수 있다.

이렇게 해보라.

먼저 종이를 꺼낸 다음, 직접 손으로 그 이유를 써 보라. 그냥 이유를 나열하지 말고 누군가를 앞에 두고 설득하듯이 써 보라. 그만 두어야 할 이유가 얼마나 정당한지 상대방에게 설명해 보라는 것이다. 이때 설득 대상은 자기 자신이 아니라 다른 사람이어야 한다. 그리고 대상은 초등학생쯤으로 설정하라. 꼭 초등학생이 아니더라도 자신보다 나이가 어린 사람으로 설정하라. 당신이 설정한 상대는 당신보다 이해 능력이 떨어지므로 아주 자세하고 쉽게 설명해 줘야 한다. 직접 앞에 두고 대화한다고 생각하고 이유를 써 보라. 그리고 상대가 끊임없이 당신의 주장에 반박한다고 생각하라.

그 이유에 대해 복사지 한 장을 다 채울 수 있다면, 그때까지도 자신의 생각이 잘못됐다는 생각이 들지 않는다면 그 이유는 정당한 것이므로 그만둬도 좋다. 그러나 그렇지 않다면 당신은 다시 그 일을 시작해야 한다. 무조건 시작해야 하냐고? 그렇지 않다. 당신이 그 이유를 쓰는 동안 당신 스스로 자신을 설득하게 될 것이다. 그 이유들이 잘못된 것이라면 말이다.

무엇이든 억지로 하는 것은 바람직하지도 않고 오래 가지도 못한다. 스스로 그 이유를 진심으로 받아들여야 한다. 그래야 신념도 생기고 끈기도 생기는 법이다.

## 자기합리화의 오랜 역사

　　　　　　　　　　대부분의 유아들은 잠이 오면 칭얼거린다. 또 심심해도, 배가 고파도 칭얼거린다. 특히 심심해서 칭얼거리는 것은 자기 내부에 있는 에너지를 발산하지 못하기 때문이다. 이럴 때 아이들은 마냥 엄마 옆에 붙어서 엄마를 귀찮게 한다.

　그런데 점점 자라면서 아이들의 칭얼거리는 양상이 달라진다. 그때부터는 어딘가 아프다. 아주 오래 전에 살짝 다쳐서 딱지가 앉아 있는 곳을 가리키며 아프다고 한다. 그리고는 엄마에게 '호~'를 해달라고 한다. 엄마가 '호~' 해준다고 끝나는 것은 아니다. 이번에는 또 다른 곳이 아프다. 이렇게 몇 번하면 웬만큼 인내심이 강한 엄마가 아니고서는 소리를 지르기 마련이다.

자녀교육에 대한 말을 하려는 것이 아니다. 우리 의지력의 가장 큰 적인 자기합리화의 '긴 역사'를 말하고자 함이다.

우리는 누가 가르쳐 주지 않아도 어릴 때부터 자기합리화를 해왔다. 어떻게 보면 자기합리화는 인간의 본성인 것 같기도 하다. 유아기 때의 자기합리화는 어른들이 보기에는 뻔해서 짜증이 나면서도 한편으로는 웃음이 나기도 한다. 그렇게 '솔직한' 자기합리화의 시기가 지나면 이것은 좀 더 세련된 형태로 우리를 속인다. 그때는 다른 사람이 잘 구별할 수 없다. 또한 다른 사람이 그 자기합리화를 알아본다고 해도 잘 말해 주지 않는다. 스스로도 그런 허물이 있을 걸 알기 때문에 쉽사리 남의 약점에 대해 말하지 못하는 것이다.

실제로 자기합리화는 심각한 증세로 나타나는 경우도 있다고 한다. 초등학교에 다니는 여자 아이였는데 자기가 무슨 잘못을 하고 누군가 그것을 비난할라치면 머리가 아픈 것이다.

자기가 아프면 사람들이 비난할 수 없으니까 스스로 머리가 아프다고 생각하는 것이다. 그리고 이 생각이 실제로 아주 고통스런 두통으로 나타나는 것이다.

자기합리화를 한다고 해서 자괴감을 가질 필요는 없다. 바람직하지 못한 현상이지만 인간이라면 누구나 갖고 있는 약점이고 때로는 정신적인 부담감을 덜어주는 경우도 있다.

자기합리화에 대한 승패는 그것을 하느냐, 하지 않느냐가 아니라 어떻게 대처하느냐에 달린 것이다. 즉, 자기합리화 자체를 피할 수는 없으므로 자기 마음속에서 일어나는 '잘못된 것을 올바른 것으로 착각하게 하는 마음의 작용'을 미리 알아채고 잘 대처하는 것이다. 누구나 하는 걸 갖고 나는 왜 이 모양이냐고 한탄하는 것은 참 어리석은 일이다. 어떻게 싸울 것인가. 자기 내면을 객관적으로 바라본다면 해답이 나올 수 있다.

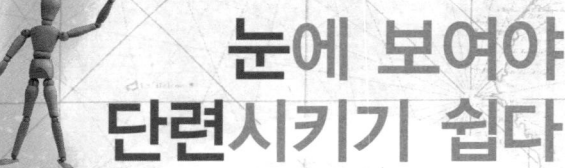

# 눈에 보여야 단련시키기 쉽다

눈에 보이는 것보다 보이지 않는 것을 다루는 것이 훨씬 어렵다. 만약 의지력이 쇠처럼 담금질을 통해서 단련시킬 수 있는 것이라면 의지력이 약한 사람은 찾아보기 힘들 것이다. 안타깝게도 의지력은 눈에 보이지 않는다. 그래서 쉽사리 단련하기 어렵다. 그러나 상상력을 이용해 의지력에 형태를 준다면 훨씬 더 쉽게 강화할 수 있다. 그렇게 어려운 일이 아니다. 풍부한 상상력이 없어도 가능한 일이다.

의지력에 형태를 부여하는 것은 능력의 문제가 아니라 시간의 문제다. 누구든 약간의 시간만 낸다면 의지력을 눈에 보이게 만들 수 있으며 그럼으로써 의지력을 강하게 만들 수 있다.

# 의지력의 나무를 키워라

머릿속으로 그림을 그려보자.
아주 따뜻한 언덕이다. 춥지도 않고 덥지도 않다. 그곳에는 당신이 직접 심은 나무 한 그루가 있다. 키는 당신의 키와 비슷하다. 나무의 꼭대기는 태양을 향하고 있다. 그런데 그 나무에 벌레 날아들었다. 잎을 갈아먹기도 하지만 병균의 매개체인 벌레다. 어떻게 해야 할까?

그렇다. 당장 잡아야 한다. 그리고 잠시 동안이지만 병균을 옮기지는 않았는지 살펴봐야 한다. 벌레를 잡고 돌아서는데 비가 온다. 장대비여서 흙이 씻겨 내려간다. 그래서 나무의 뿌리가 드러나려고 한다. 얼른 삽으로 뿌리를 덮어야 한다. 그러지 않으면 말라죽고 말 것이다.

이 나무를 의지력의 나무라고 하자. 의지력은 눈에 보이지 않는다. 그리고 항상 뜻했던 것을 얼마나 이뤄내는가 하는 결과로만 나타나기 때문에 생각을 통해 의지력을 키우는 것은 참 막연한 일이다.

그래서 상상력의 힘을 빌려 보자는 것이다. 의지력을 편안한 언덕에 있는 나무라고 상상하면 키우기도 쉽고 지켜 내기도 쉽다. 눈에 보이지 않는 것보다 눈에 보이는 것을 지키기가 훨씬 쉬운 법이니까.

더불어 그 나무를 지키는, 의지력을 지키는 '수호천사'를 하나 만들어 보라고 권하고 싶다. 수호천사는 부처여도 좋고 예수여도 좋고 알라여도 좋다. 그리고 사자나 호랑이 같은 용맹한 동물들도 좋다. 자신이 평소 좋아하는 것이면 무엇이든 괜찮다. 당신의 언덕에 이 수호천사를 데려다 놓기만 하면 의지력을 키우는 데 큰 도움이 될 것이다. 감당하지 못할 정도로 의지력이 꺾일 때는 이 수호천사에게 도움을 요청해 보자. 이 수호천사 역시 바로 당신의 수많은 모습 중 하나이다.

당신 속에는 진정한 자신이 원하는 방향으로 나아가도록 돕는 자신도 있고 그것을 방해하는 자신도 있다. 수호천사는 진정한 자신을 돕는, 강한 의지력으로 난관을 극복하도록 하는 또 하나의 자신이다. 다른 모습으로 변신한 자신이 의지력이 약해질 위험에 처한 당신을 지원하는 것이다.

독자들 중에는 그렇게 한다고 해서 무슨 의지력이 강해지겠는가라고 의문을 품는 분들도 없지 않을 것이다. 충분히 의문을 품을 수 있다. 그러나 손해 보는 셈치고 한번 해 보라.

많은 시간이 들지도 않는다. 우리의 상상 속에 나무 하나를 그려 넣는 데 걸리는 시간은 불과 몇 초면 충분하다. 그리고 다른 사람에게 '나는 의지력이란 나무를 머릿속에 심었어.'라고 말하지 않는다면 실패했다고 해서 창피를 당할 일도 없다.

이 방법이 효과가 없더라도 독자들은 어떤 손해도 입지 않는다는 말이다. 그러니 믿고 한번 해 보시라.

내가 아는 한 CEO는 중요한 프로젝트를 시작할 때는 나무 하나를 새로 기른다고 한다. 매일 아침 그 나무를 돌보면서 그

프로젝트를 생각하고 나약해지는 자신을 경계한다는 것이다. 짧은 시간이지만 아침에 일어나서 그 나무를 돌보는 동안 마음을 다잡고 아이디어를 떠올리는 것이다.

당신 스스로를 믿어 보라. 상상력의 힘을 믿어 보라. 당신의 상상력은 다른 어떤 것보다 당신에게 위대한 의지력을 선사할 것이다.

## 의지력 지압법


다리에 줄을 묶고 뛰어내리는 번지점프는 생각만 해도 짜릿하다. 아직 기회가 없어서 해 본 적이 없지만 무섭더라도 꼭 한 번 해 보고 싶은 레저다.

원래 번지점프는 호주 원주민의 성인식이라고 한다. 그들은 탄력 좋은 줄이 아니라 칡넝쿨 같은 걸 잘라다가 다리에 묶고 뛰어내린다. 그런데 이 줄이 조금 길어서 참가자 대부분이 머리나 어깨가 땅바닥에 부딪혔다. 가끔 있는 일이지만 죽는 사람도 생기는 모양이었다.

이런 성인식은 어느 문화에나 꼭 있다. 우리나라에도 마을 어귀에 있는 큰 돌을 들어야 어른으로 대접해 주는 풍속이 있었다. 지금이야 나이가 차면 누구나 성인 대접을 받지만 옛날에는 성인식이라는 통과의례를 꼭 거쳐야 했다.

그런데 높은 곳에서 뛰어내린다고, 혹은 돌을 든다고 소년이 갑자기 어른이 되는 것은 아닐 텐데 왜 그런 풍속이 생겼을까? 용기와 힘을 시험하는 것이겠지만 그것은 상징적인 성격을 갖고 있다. 여기서 뛰어내리면 어른이 된다고 상상하고 그렇게 정함으로써 번지점프가 성인의 관문이 되는 것이다. 풍속에 대한 이야기를 이렇게 길게 한 것은 지금부터 할 이야기 때문이다.

우리의 의지력은 몸의 어디에 있을까? 의지력이 몸 어딘가에 있을 리 없지만 그렇다고 상상해 보자. 번지점프처럼.

의지력이 손에 있다고 상상하면 어떨까? 혹은 귀나 관자놀이, 발바닥에 있다고 상상하면 어떨까? 의지의 실행은 온몸으로 하는 것이지만 신체의 특정 부위에 의지력이 몰려 있다고 생각해 보자. 그곳을 의지력을 불러내는 관문이라고 당신이 정해 보라. 삼손의 힘이 머리카락에 있었던 것처럼 말이다. 당신이 자신의 의지력이 손바닥에 있다고 생각한다고 누가 뭐라고 하겠는가?

위에서 예로 든 곳 외에 다른 곳이어도 상관없다. 특정 부위를 정하고 그 부분을 자주 눌러 주라. 나는 내 의지력이 귀에 있다고 상상한다. 보이지는 않지만 분명히 있는 의지력이 귀라는 특정 부위에 있다고 상상함으로써 좀 더 구체적으로 의지력 강화훈련을 할 수 있는 것이다. 사실 귀를 만진다고 의지력이 강해질 리는 없다. 그러나 그렇게 생각하면서 귀를 자극해 주면 의지력이 강해진다. 스스로에게 자기최면을 거는 것이다. 게을러지려고 할 때, 일이 힘들 때, 그래서 의지가 약해지려 할 때 귀를 만지면서 '나는 지금 내 의지력을 강하게 만들고 있다'고 생각한다. 그렇게 하면 실제로 마음이 가라앉고 다시 한 번 해 보자는 욕구가 생긴다.

일을 하다가 아이디어가 떠오르지 않을 때도 귀를 만지면서 혹은 손바닥을 눌러주면서 상상력을 발휘해 보라. 건강에 나쁜 담배를 피거나 커피를 마시는 것보다 훨씬 낫다.

이 이야기를 읽고 그냥 '픽' 웃어버린다면 그렇게 해도 좋다. 하지만 약간의 상상력을 발휘할 수 있다면 아주 유용한 방법이다. 언제나 근엄한 당신은 '유치하게 무슨 짓이냐? 거기 없는 걸 거기에 있다고 생각하는 게 웃기지 않느냐?'고 따질 수 있다. 그런데 당신이 업무 시간 중에 가끔 귀를 만진다고 해서 당신을 이상하게 볼 사람은 아무도 없다. 당신이 의지력을 키우는 훈련을 하고 있다고 생각하는 사람은 아무도 없다.

혹시 호기심이 왕성한 누군가가 묻는다면 지압이라고 말해주면 그만이다. 사람은 나이가 들면서 점점 귀가 굳는다. 아이들의 귀는 부드럽지만 노인들의 귀는 딱딱하다. 점점 딱딱해지는 귀를 부드럽게만 해 줘도 건강에 크게 도움이 된다고 한다. 우리가 잘 알고 있는 수지침은 손의 각 부위가 몸 전체의 부위와 연결돼 있다는 것에서 출발한다. 귀도 마찬가지다. 귀에도 그런 인체의 지도가 숨어 있다. 이건 상상이 아니라 실제다.

귀에는 의지력을 증폭시키는 촉매제가 숨어 있다. 혹은 손에는 의지력을 폭발시키는 스위치가 숨어 있다. 이렇게 상상하고 틈날 때마다, 의지가 약해질 때마다 눌러주면 의지력은 틀

림없이 강해진다.

 이 지압법으로 의지력이 강해지지 않아도 크게 손해 볼 것은 없다. 적어도 당신은 건강을 위한 지압을 매일 하고 있는 셈이니까.

## 색깔 있는 의지력

　　　　　　　산타크로스가 빨간 옷을 입게
된 것은 코카콜라 때문이라고 한다. 루돌프를 몰고 하늘을 날
아다니는 산타는 가상의 인물이지만 선물을 가져다 주기 때문
에 사람들은 그에게 좋은 이미지를 갖고 있다. 그래서 광고에
산타를 등장시켰고 코카콜라의 로고와 같은 색깔인 빨간색 옷
을 입힌 것이다.

　코카콜라뿐만 아니라 거의 모든 광고에 컬러마케팅이 적용
되고 있다. 기업의 이미지를 향상시키는 광고나 상품 광고를
보면 항상 특정한 색깔을 중심에 둔다는 것을 알 수 있다. 사람

들이 그 색깔을 보면 해당 기업이 떠오르거나 상품을 떠올리게 만드는 것이다.

우리도 우리의 의지력을 강하게 하기 위해 '컬러마케팅'을 도입해 보자.

정확하고 확실한 목적을 세웠다면 그 목적에 색깔을 입히는 것은 그리 어려운 일이 아니다. 이미 우리는 목표를 달성했을 때의 자신의 모습을 그려 보았다. 다시 그 이미지를 떠올려 보자. 그중에서 특별히 눈에 띄는 색깔이 있을 것이다. 없다면 자신이 좋아하는 색을 넣어도 좋다. 다만 성공한 자신을 상징할 수 있을 만한 것이어야 한다.

예를 들어 목표의 색깔이 파랑색이라고 해 보자. 그리고 매일 파랑색 찾기 놀이를 해 보라. 출퇴근 길 책을 읽다가 잠시 창밖을 내다볼 때 그냥 풍경을 흘리지 말고 파랑색을 찾아 보라. 당신이 찾는 파랑색이 생각보다 눈에 많이 띈다. 다른 어떤 색도 마찬가지다. 우리는 총천연색 세상에 살고 있으니까 우리가 정말 특별한 색을 찾지만 않는다면 생활 주변에서 목표의 색깔을 발견하는 것은 쉬운 일이다.

색깔을 찾을 때마다 우리의 목표를 향한 의지는 불타고 의지력은 더욱 강해진다.

목표 색깔 찾기는 일석이조의 효과를 발휘한다. 첫째가 의지력 강화이고 둘째는 아이디어의 발상이다. 파랑색을 갖고 있는 게 한 종류의 물건일 리는 없다. 간판에서부터 상품포장지, 자동차 등 얼마든지 많다. 이 다양한 종류의 것들이 파랑색이라는 하나의 주제로 이어진다. 새로운 발상은 하나의 주제로 다양한 소재를 연결하는 것이라고도 할 수 있다.

목표에 색깔을 입히고 그리고 목표 색깔 찾기를 자주 하다보면 습관이 된다. 그리고 의도하지 않아도 우리는 목표의 색깔만 보면 자연스럽게 자신의 목표를 떠올리게 되고 그에 따라 의지력도 강해진다. 목표의 색깔은 우리 의지력의 색깔이다.

## 불타는 장작

　　　　　　　　　　한밤중에 모닥불을 피워 놓고 앉아 있으면 왠지 모르게 기분이 참 좋다. 좋은 사람들끼리 둘러앉아서 조용조용 이야기를 나누면 걱정도 잊혀지고 마음에 여유가 찾아온다.

　여기서 누구나 알고 있는 장작불을 지피는 과정을 되짚어 보자.

　장작에 불을 지필 때는 먼저 불쏘시개에 불을 붙이고 그 다음에 작은 가지들을 태운다. 작은 가지들이 타기 시작하면 그때부터 커다란 장작을 올려야 한다. 불쏘시개 다음에 바로 장작을 올리면 불은 꺼지고 만다. 그리고 작은 가지들이 충분히 타지 않았을 때 장작을 올려도 불은 꺼지고 만다. 백 번을 해도 결과는 똑같다.

의지력을 키우는 것도 장작불을 피우는 것과 크게 다르지 않다. 현재의 자신의 수준이 '의지력 100'이라고 하자. 의지력 100으로 태울 수 있는 땔감은 그렇게 크지 않다. 거기다가 의지력 500이 필요한 장작을 올리면 그나마 있던 불꽃도 꺼지고 만다.

아무리 의지력이 약한 사람이라도 어쩌다가 강한 자극을 받으면 1000까지 타오르기도 한다. 그러나 그 불꽃은 너무 순간적이어서 장작에 불을 옮길 수 없다. 그것은 마치 휘발유를 부어 놓고 불을 지르는 것과 같다. 확 타오를 때는 모든 걸 태울 수 있을 것 같지만 생각대로 되지 않는다.

장작은 목표다. 장작을 태우는 것은 목표를 실행하고 있다는 것이며 장작이 다 탔다는 것은 목표를 성취했다는 뜻이다. 성취된 목표는 숯불로 남아 다음 목표가 잘 탈 수 있도록 도와준다. 숯불은 오래 간다. 큰 목표를 태웠을수록 장작불은 오래 견

디지만 그것을 태우기 위해서는 작은 목표들을 먼저 태워야 한다.

먼저 해야겠다는, 내 인생을 멋지게 변화시켜야겠다는 생각이 든다면 하고 싶은 일 중에 쉬운 것을 먼저 하라. 그리고 어느 정도 훈련이 되면 조금 더 어려운 일에 도전하라. 처음이 어려워서 그렇지 일단 불이 붙기 시작하면 웬만한 장작은 태울 수 있다.

어둡고 쓸쓸한 당신 마음의 빈터에 작은 불쏘시개가 당신을 기다리고 있다. 이제 성냥 한 개비만 있으면 된다. 성냥은 좀 더 나은 삶을 살고 싶다는 당신의 바람이다. 가장 약하면서도 가장 중요한 '동기'가 바로 그것이다. 이제 작은 가지들을 준비하고 불을 지피러 가자.

꺼지지 않는 의지력은 바로 당신 것이다.

## 마음의 표창장

유명한 운동선수들을 그의 집에서 인터뷰하면 방에 온갖 트로피가 진열되어 있는 것을 볼 수 있다. 또 어릴 때부터 공부를 잘하던 친구 집에 가도 각종 표창장을 액자로 만들어 걸어둔 것이 보인다. 그리고 거의 모든 학교의 현관에는 그 학교의 이름으로 수상한 많은 상장들이 진열되어 있다.

왜 이런 상장을 진열해 두고 있는 것일까? 그건 아마도 스스로가 자랑스럽기 때문일 것이다. 그리고 학생들에게 자부심을 심어 주기 위함이다. 상장들을 보면서 스스로를 자랑스러워하는 것이다. 자기 자신을 자랑스러워하는 것이 곧 자부심이다. 학교에 대한 자부심은 자기 자신의 자부심으로 옮겨진다. 물론 너무 지나치면 자만심이 되기도 한다.

이제 우리의 마음에도 표창장을 걸어 보자. 먼저 여태까지 당신이 한 일 중 기억에 남는 일, 그 일을 끝내고 나서 뿌듯했던 때를 떠올려 보라. 딱 한 장면이면 충분하다. 그때의 감동을 되살려 보라. 그 때의 상황을 생생한 영상으로 떠올려 보라.

그리고 그것을 액자로 만들어라. 그 액자의 그림은 항상 움직인다. 그날의 생생한 감동으로 살아 움직이고 있다. 그 액자를 마음의 벽에 걸어 두라. 그리고 자주자주 그것을 들여다보고 자신이 얼마나 훌륭한 사람인지 생각하라. 그렇다고 그것만 보고 있으면 과거에 집착하게 되니 주의해야 한다.

중요한 건 지금부터다. 당신이 올해 목표로 하는, 이번 달에 목표로 하는 표창장은 몇 개인가? 그것을 모두 액자로 만들어서 마음에 걸어두는 날을 상상해 보라.

그리고 하나씩 하나씩 이뤄갈 때마다 액자를 만들어 보자. 진정한 상은 누군가가 주는 것이 아니라 스스로가 자신에게 줄 때 가장 값진 것이다. 스스로가 자신에 대해 가장 잘 알고 있고, 해낸 일이 얼마나 중요한지도 오직 자신만이 평가할 수 있으므로 어떤 공정성 시비에도 휘말리지 않는다.

지금 당장 과거의 뿌듯함을 기억해 보라. 자부심이 생길 것이다. 그리고 자부심은 의지력을 도와줄 것이다.

# 의지력을 위한 좋은 습관

어떻게 보면 한 사람의 인생은 그 사람의 습관이 결정한다고 할 수도 있다. 시간이 나면 노는 습관을 가진 사람과 틈 날 때마다 책을 읽는 습관을 가진 사람의 인생이 결코 같을 수 없다. 그렇다면 어떤 습관을 가져야 의지력을 강하게 할 수 있을까?

# 무의식의 방을 만들어라

"나도 모르게 그만……." 우리가 실수를 했을 때 자주 하는 말이다. 실수로 인한 곤경에서 벗어나려고 거짓말을 하는 경우도 있지만 진짜로 자신도 모르게 어떤 말을 하거나 행동을 할 때도 있다. 친근함의 표시로 상대방의 등을 쳤는데 생각보다 강도가 세게 나갔다. 그러면 평소 그 사람에게 악감정이 쌓여 있는 건 아닌지 의심해 볼 일이다.

프로이드는 어떤 장소를 떠날 때 실수로 거기에 물건을 두고 가는 것은 그 자리를 떠나고 싶지 않다는 잠재의식 때문이라고 분석했다. 잠재의식과 무의식은 이처럼 우리의 일상생활에

늘 영향을 미치고 있는 중요한 요소다.

무의식은 신대륙을 향한 항해에서 바람과 같은 것이다. 역풍이 불 수도 있고 순풍이 불 수도 있다. 실제 세계의 바람은 우리가 조종할 수 없지만 무의식의 바람은 얼마든지 우리 뜻대로 할 수 있다. 무의식을 잘만 이용한다면 우리의 의지력을 강하게 할 수 있을 것이다. 그렇다면 무의식을 어떻게 이용할 것인가?

잠들기 전이든, 아니면 시간을 따로 내든 '명상'이란 걸 해보자. 어렵게 생각할 필요는 전혀 없다.

먼저 눈을 감고 무의식으로 가는 길을 상상해 보자. 가늘고 긴 내리막길을 상상하라. 굉장히 길어도 상관없다. 어차피 상상이니까 단번에 갈 수 있다. 하지만 조금은 천천히 가보자. 아래로 내려갈수록 마음이 평안해진다. 길 끝에는 무의식의 방이 있다.

거기에는 수많은 서랍들이 있다. 어떤 건 어린 시절의 기억이고 또 어떤 건 이성에 대한 무의식이다. 천천히 둘러보면 '의지력'이라고 붙여진 서랍이 있을 것이다. 다른 것도 열어보고 싶겠지만 지금은 참아라.

의지력의 서랍을 열면 거기에는 자신의 의지력과 관계된 온갖 무의식들을 적어 놓은 많은 종이가 있다. 너무 어릴 때 겪었던 일이라서 자신이 기억하지 못하는 것도 있고 한 때는 기억했지만 너무 오래되어서 잊어버린 것도 있다. 또 부모에게 물려받은 '유전적인 무의식'도 있을 수 있다. 우리는 거기에 무엇이 씌어 있는지 볼 수 없다. 어떤 건 볼 수도 있겠지만 대부분 볼 수 없을 것이다. 어릴 때 뭔가를 하려다가 처참하게 실패했거나 누군가를 때려 주려고 했는데 오히려 실컷 맞기만 한 패배의 기억 정도는 보일 수도 있겠다. 그런 것들은 일단 제쳐두자.

먼저 종이 하나를 꺼낸다. 그리고 당신 뒤에 있는, 돌아보면 거기에 책상과 볼펜이 있을 것이다. 아주 편안한 의자도 있다.

지금부터 그 종이에다 이렇게 적는다.

"나는 의지력이 강한 사람이다."

"나는 웬만해선 포기를 모르는 사람이다."

의지를 강하게 하는 말이면 어떤 말이라도 좋다. 자신의 목표를 길게 적어도 좋고 목표를 달성했을 때 자신의 모습을 적어도 좋다. 계속해서 적어라. A4 용지 정도의 크기에 모두 채워라. 채우다가 잠들어도 좋다.

이런 작업을 매일 하라. 자신도 모르는 사이에 무의식은 당신의 편이 된다. 당신의 의지와 무의식이 동지가 되는 것이다.

## 결심할 때의 마음을 적어두라

어느 날 전화가 왔다. 사무실에는 당신밖에 없다. 그런데 저쪽에서 이상한 나라의 말이 들려온다. 짐작컨대 최근 진행 중인 수출건에 대한 미국 바이어의 문의 전화다. 당신은 'Hello' 밖에 알아들을 수 없다. 눈에 보이지 않으니 바디랭귀지를 쓸 수도 없고 어디 도움을 요청할 곳도 없다. 진땀이 흐르고 눈앞이 캄캄하다. '아이엠쏘리'만 연발하는 당신. 자리를 비운 수출 담당자가 원망스럽기만 하다.

'하필 이런 때에 자리를 비우다니…'

결국 전화는 끊어지고 얼마 후 상사가 벼락같이 화를 내며

들어온다. 당신은 부하들과 동료들 앞에서 톡톡히 망신을 당한다. 사실 재수 없게 당신이 걸려서 그렇지 담당자 빼고는 모두 당신과 비슷한 수준의 영어 실력을 갖고 있다.

당신은 이제 두 가지 선택을 할 수 있다. 하나는 단지 운이 나빴을 뿐이므로 다음부터 혼자 사무실에 있을 때는 아예 전화를 받지 않는 방법이 있다. 또 하나는 '오늘의 치욕'을 만회하기 위해 당장 영어공부를 시작할 수도 있다. 당신은 현명한 사람이니까 후자를 선택할 것이다.

자, 그럼 뭐부터 해야 할까? 학원 등록부터 해야 할까? 아니면 책을 사야 할까? 돈을 좀 투자하더라도 개인 교습을 받아봐? 교환학생을 이용하면 개인교습이라도 비교적 저렴하게 할 수 있을 텐데.

여러 가지 방법을 생각해 보는 것은 정말 좋은 일이다. 무턱대고 의욕만 앞서서 덤비는 것보다 자신에게 맞는 방법을 꼼꼼하게 찾아 봐야 한다. 하지만 그보다 먼저 해야 할 것이 있다.

그것은 바로 지금의 각오와 감정을 적어 두는 일이다. 연필로 말고 볼펜으로, 컴퓨터를 이용하지 말고 손으로 직접 쓰라고 권하고 싶다. 아주 자세히 적어야 한다. 전화를 받게 된 경위부터 당혹했던 순간, 모욕을 당했던 순간과 그때의 감정까지. 제대로 적고 있다면 당신은 얼굴이 화끈거릴 것이다. 그리고 맨 마지막에 '그래서 나는 영어의 고수가 되기로 했다.'라고 적어보라. 다른 멋있는 말이 생각난다면 그것을 써넣어도 좋다.

자, 그 '각오의 종이'를 항상 갖고 다녀라. 그리고 의지력이 약해질 때마다 읽고 또 읽어라. 다 외우고 있다고 생각해도 계속 읽어라. 그러면 그때의 상처가 되살아날 것이고 그때마다 당신의 의지력은 강해질 것이다. 이것으로 당신은 의지력에게 끊임없이 힘을 제공해 줄 중요한 에너지원 하나를 갖게 된 것이다.

위의 예처럼 '심각한 모욕'을 당하는 사람은 어쩌면 행운아일지도 모른다. 계속 요리조리 피해나갔다면 자기계발은 먼 나라 이야기가 되고 말았을 것이고, 그저그런 인생을 살고 말 것이다. 그런 모욕을 당하고도 계속 공부를 하지 않는다면 '불행 중 불행'이지만 그 반대라면 '불행 중 다행'이라고 할 만하다.

그러나 굳이 모욕을 기다릴 필요는 없다. 모욕은 계기를 제공하기도 하지만 상처도 남긴다. 세월이 지나면 상처야 아물겠지만 그 흉터는 여전히 남아 있다. 상처가 생기기 전에 마음을 다잡아먹는 것이 훨씬 더 바람직하다. 그리고 어쩌면 당신 몫의 상처가 너무 늦게 온다면 그땐 어떻게 해 보려고 해도 방법이 없을 수도 있다.

너무 늦기 전에 시작하라. 당신의 의지력은 다른 누구도 아닌 바로 당신의 편이다. 의지력은 항상 당신 옆에서 당신을 도와줄 준비를 하고 있다. 할 일을 기다리고 있다. 그에게 일거리를 주라. 무엇이든 사용하지 않으면 퇴화되기 마련이다.

# 아주 당연하고 일상적인 목표도
# 일단 적고 시작하라

밥은 왜 먹는가? 배고프니까. 물은 왜 마시는가? 목마르니까. 도서관에는 왜 가는가? 공부하러. 직장에는 왜 가는가? 일하러.

우리가 하는 모든 행동에는 이유가 있다. 심지어 무의식적으로 한 행동이라도 찬찬히 분석해 보면 그 나름의 이유가 있기 마련이다.

그런데 우리는 건망증이 심하다. 어쩌다가 하는 일이라면 몰라도 자주, 반복적으로 하는 일에는 특별한 목적의식 없이 움직인다. 매일 회사에 가다보니, 매일 학교에 가다보니 이유를 잊어버린 채 관성에 따라 일하고 공부하고 있다. 그래서는 어떤 일이든 효율이 없다. 그리고 목적을 자각하고 있는 상태가 아니기 때문에 의지력도 그만큼 약해진다. 조금만 하기 싫어지거나, 아주 가벼운 외부의 방해에도 쉽게 의지가 무너져버리는 것이다.

일단 적고 보라. 오늘 할 일을 적어서 책상에 붙여 놓고 수시로 보라. 의지력과 함께 집중력도 높아질 것이다. 우리의 머릿속은 해변의 모래사장과 비슷하다. 무언가를 새겨 넣어도 끊임없이 지워지고 끊임없이 변한다. 두뇌의 노트는 그렇게 믿을 만한 게 아니라는 뜻이다. 더구나 그 노트에 언제든 변할 수 있는 다짐이나 목표를 써 두는 것은 빨리 바닷물이 밀려와서 그것을 지워버리기를 바라는 것과 크게 다르지 않다.

우리에게는 중요하고 위대한 목표가 있다. 역사책에 기록될 정도의 일만이 위대한 것은 아니다. 내 가족의 행복을 지키는 일도 위대한 일이며, 작지만 소중한 자신의 사업체를 갖는 것도 위대한 일이다. 그것이 하찮은 일이 되는 것은 스스로가 자신의 일을 하찮게 생각하기 때문이다. 또한 그것이 위대한 일이 되는 것도 스스로가 그렇게 생각하기 때문이다.

'오늘'은 그 '위대한 미래'를 향해 가는 수많은 발걸음 중 하나이다. 오늘 발을 옮기지 않으면 하루만큼, 또는 그 이상 목표에 닿는 시간이 느려진다. 오늘 나는 어떤 발걸음을 뗄 것인가? 오늘 내가 해야 할 일은 무엇인가? 세세하게 적어 보라. 그리고 하나씩 하나씩 체크해 가면서 해내 보라.

오늘의 목표가 책상에 붙어 있다는 것만으로도 당신은 엄청난 의지력을 갖게 된다. 아주 간단한 일이지 않는가? 그렇게 간단한 일만 해도 의지력이 솟구치는데 하지 않을 이유가 없다.

단지 오늘 할 일만 적어 놓아야 한다. 내일, 모레, 혹은 당신에게 맡겨진 모든 일을 적어 두면 안 된다. 알다시피 의지력은 그렇게 인자하지 않다. '그래, 할 일이 정말 많네. 내가 다 할 때까지 버텨줄게.'라고 말하지 않는다. '너무 많아. 하기 싫어.' 하고 주저앉아 버린다.

오늘 할 수 있는 분량만큼만 적어 두라. 그러면 의지력은 '그쯤이야.' 하고 힘을 낸다. 머릿속의 노트를 믿지 말라. 그곳은 스스로 속고 속이는 혼란의 땅이다.

다시 한 번 말하지만 '약간의 노력'이다. 그 약간의 노력으로 당신의 의지력은 훨씬 더 강해진다.

## 일주일에 한 번 몸으로 좋은 일을 하라

자부심은 의지력에게 있어서는 비타민과 같은 것이다. 자부심이 높은 사람은 쉽게 포기하지 않는다. 스스로 훌륭하다고 생각하는 사람은 자신의 생각하고 있는 자아와 행동을 일치시키려 한다.

이 자부심은 신문에 나고 방송을 타는 일, 혹은 다 알아주는 상을 받는 일에서만 나오는 것은 아니다. 작은 일에서도 자부심은 얼마든지 나온다.

매일은 힘들지만, 일주일에 한 번, 그것도 힘들면 한 달에 한 번 좋은 일을 하라. 내 집 앞뿐만 아니라 골목 전체를 청소하는 것도 좋다. 처음에는 당신을 이상하게 보던 사람들도 얼마가 지 않아 당신을 다르게 볼 것이다. 설령 계속 이상한 눈으로 본다고 해도 신경 쓸 필요는 없다. 당신은 분명 좋은 일을 하고 있는 것이고 그 좋은 일은 당신의 의지력에게도 도움이 되는 일이다.

근처 고아원에서 봉사하는 것도 좋은 일이다. 봉사활동을 많이 하는 사람들은 '내가 도움을 준 것보다 내가 받은 도움이 훨씬 크다.'고 말한다.

그건 마음의 도움이다. 삶을 대하는 태도가 달라지는 것이다. 장애인을 도와준 사람은 결코 자신의 처지를 탓하지 않는다. 자신보다 훨씬 힘든 사람들이 있다는 것을 온몸으로 느꼈기 때문에 현재의 조건을 탓할 수 없다.

봉사활동은 자부심을 키우는 방법 중 하나일 뿐이다. 당신은 다른 일을 통해서도 자부심을 키울 수 있다. 얼마나 효과적으로 자부심을 키우고, 그 자양분을 의지력에게 공급하는 가에 초점을 맞춰야 한다.

우리의 몸은 남는 비타민을 몸 밖으로 내보내지만 의지력은 모조리 흡수한다. 그리고 그만큼 강해진다. 의지력이 강해지고 싶다면 지금 당장 주위를 둘러보라. 당신의 손길을 필요로 하는 곳이 짐작했던 것보다 훨씬 많다는 것을 알게 될 것이다.

## '왜?'의 방향

역사적으로 위대한 발견은 '왜?'라는 질문에서 비롯된 것이 많다. 어쩌면 거의 모든 과학적 발견이 이 질문에서 비롯된 것인지도 모른다.

질문의 중요성은 아무리 강조해도 지나치지 않다. 그중에서도 '왜?'라는 질문이 단연 으뜸이라 할 만하다. 질문은 능동적인 의식의 작용이며 이미 대상을 향해 움직이고 있다. 질문이 없는 사람은 시키는 일은 잘할지 몰라도 리더의 자리에 오르기는 힘들다. 설사 리더의 자리에 있더라도 훌륭한 리더는 될 수 없을 것이다. 어떤 업무를 왜 해야 하고, 왜 이런 방식으로 해야 하는지 궁금하지 않는 사람은 업무 능력의 발전도 없고 새로운 아이디어를 낼 수도 없다.

그럼 이런 것은 어떤가?

'내 인생은 왜 이 모양 이 꼴이지?'

'나란 인간은 왜 이것밖에 안 되지?'

'나는 왜 의지력이 약하지?'

'왜?'라는 질문은 원인을 묻는 것이다. 위의 세 가지 질문도 원인을 묻고 있다. 이런 질문은 반드시 필요하다. 그런데 똑같은 질문인데도 어떤 사람은 과거를 향하고 있고 또 어떤 사람은 미래를 향해 있다. 전자의 경우 한탄을 위한 질문이지 해결을 위한 질문이 아니다. '왜?'라는 질문은 이렇게 발전해 가야 한다.

'이 모양 이 꼴인 내 인생을 어떻게 하면 바꿀 수 있지?'

'약한 내 의지력을 강하게 하려면 어떻게 해야 할까?'

우리의 의지력은 매일 강해질 수도 있지만 매일 약해지기가 더 쉽다. 거기에는 분명 원인이 있다. 그 원인을 찾는 도구가 바로 질문이다. 그리고 그 질문의 답, 즉 해결책을 찾아야 한다.

완벽한 해결책은 없다. 한 번의 질문과 답으로 죽을 때까지 의지력을 강하게 유지할 수는 없는 것이다. 언제나 임시방편이며 한시적인 효과만을 발휘한다. 그 다음에는 또 다른 문제가 생기고 또 같은 문제가 생길 수도 있다. 그럼 또 질문을 하고 원인을 찾고 방법을 찾아야 한다. 그렇게 질문과 해결이 계속되는 와중에 의지력의 기본 체력이 조금씩 조금씩 강해지는 것이다.

## 자신에게 벌을 주라

아무리 치밀한 계획을 세웠다고 해도 그대로 지켜 내기란 여간 어려운 일이 아니다. 호시탐탐 나태하게 지낼 궁리만 하고 있는 우리의 마음은 빈틈을 잘도 찾아낸다.

공부를 하려고 책상에 앉았다. 학교 공부여도 좋고 업무능력 향상을 위한 공부도 좋다. 어쨌든 현대 사회는 끊임없는 자기계발을 요구하므로 공부를 하지 않고는 살아남을 수 없다.

자기합리화에서 예로 든 상황을 기억해 보기 바란다.

책상에 앉으면 온갖 핑계거리가 생긴다. 그렇게 수많은 핑계가 생기는 것은 당신은 공부하고 싶은 마음이 그렇게 강하지 않았기 때문이다. 그러니 계속 잊은 것이 생기고 다른 것이 생각나는 것이다.

심부름이나 목마름은 핑계일 뿐이다. 자기합리화에 대해선 이미 말했으니 접어두고 심부름이 있기 직전까지의 상황에만 집중해 보자.

첫 번째 문제는 충분한 준비 없이 무턱대고 책상에 앉았다는 것이다. 공부에 필요한 것이 무엇인지 사전에 미리 챙겼어야 했다.

두 번째는 가벼운 몸이다. 뭔가 생각나면 두 번 생각할 것 없이 벌떡벌떡 일어선다. 위의 예를 보면 그다지 소변이 급하지도 않고 목이 몹시 타지는 않는다. 그저 공부하기 싫으니까 이런저런 잡생각이 나는 것뿐이다.

일단 책상에 앉았다면 그 시간의 목표량에 도달할 때까지는 딴 짓을 하지 않아야 한다. 늘 이 시간에 TV나 보면서 빈둥빈둥하던 습관이 아직 몸에 남아 있다면 쉽게 집중될 리가 없다. 의지력의 입장에서 봐도 평소 이 시간에는 일을 하지 않는 시간인데 갑자기 일을 하라고 시키니 적극적으로 협조할 리가 없다. 의지력도 우리의 평소 행동에 따른 습관을 갖고 있고 그 습관을 바꾸라고 요구하면, 흔히 하는 말로 '개긴다.' 먼저 앉아 있는 버릇을 들여서 의지력에게 매일 이 시간에는 공부하는 시간이라는 것을 알려 줄 필요가 있다.

여러 가지 방법이 있겠지만 이 방법을 권해 본다. 일단 앉았으면 어떤 일 때문에 일어나든 팔굽혀펴기를 하라. 평소 운동을 좀 하는 사람이면 30회 정도, 숨쉬기 운동밖에 하지 않는 사람은 15회 정도. 각자 알아서 정하되 약간 힘들 정도는 되어야 한다. 딴 건 몰라도 이것만은 지키겠다고 다짐하고 약속하라. 유치하다고 생각하지 말자. 다른 사람은 당신의 이런 속을 모른다. 그저 '웬일로 운동을 다 하네.' 라고 생각할 뿐이다.

한 번 일어서려면 귀찮기도 하고 힘들기도 하니까 한 번 더 생각하게 된다. 그리고 꼭 필요한 일에만 움직이게 된다. 꼭 필요한 일 때문에 일어서더라도 사전에 준비를 제대로 하지 못한 당신 책임이니까 벌을 받아야 한다.

이렇게 하다 보면 어쨌든 하나는 건지게 된다. 그 시간의 목표를 달성하든 팔 힘을 기르든, 벌에 대한 규칙만 지킨다면 당신은 계획을 달성하게 될 것이다. 인간은 기본적으로 좀 덜 힘든 것을 택하기가 쉽기 때문이다. 만약 당신의 팔 힘이 지나치게 강해진다면 방법을 바꿔보는 것이 좋겠다.

의지력은 무리한 일에도 오냐오냐하고 받아 줄 만큼 친절한 친구가 아니다. 그 친구를 달래고 을러서 우리의 목적에 동참하도록 유도해야 한다는 것이다.

## 거꾸로 생각하기

어떤 일을 하다가 중도에서 그만둬 버렸다. 여러 가지 이유가 있겠지만 역시 가장 큰 문제는 의지력이 약했기 때문이라고 당신은 생각한다. 그래서 다시 한탄을 하고 자기비하를 하기 시작한다. 그럼 다시 한 번 생각해 보라.

'나는 의지력이 너무 약해.'라고 생각하지 말고 '이 일은 현재의 내 의지력으로는 하기 힘든 일이야.'라고. 똑같은 말이지만 전자는 포기하겠다는 의사를 담고 있다. 반면 후자는 새로운 목표를 설정하겠다는 다짐을 하고 있다. 그 차이는 그야말로 하늘과 땅 차이다.

산악인 엄홍길 씨가 처음부터 만년설에 뒤덮여 있는 산들을 등정한 것은 아니다. 그는 에베레스트를 가기 위해 그보다 훨씬 낮은 산들을 먼저 정복했다. 그리고 낮은 산들의 정복을 통해 체력과 의지력을 조금씩 축척해 갔던 것이다.

커다란 목표가 있다면 목표를 쪼개서 생각하라. 엄청나게 두꺼운 영문법 책을 독파하기로 결심했다. 그런데 조금 하다가 지겨워지고 힘들어져서 포기해 버렸다. 어쩌면 그 책이 너무 두꺼워서, 하기도 전에 질려 버려서 그런 결과가 나타난 것인지도 모른다. 지금 당신의 책장을 뒤져 보면 처음 몇 장만 새까맣고 그 뒤로 새 책과 다름없는 영어책이 있을 것이다.

지금도 그렇지만 나는 학창시절에 외우는 걸 참 싫어했다. 그리고 스스로도 외우는 데는 소질이 없다고 생각하고 있었다. 한 번은 시험기간 중에 복잡한 도표를 외워야 할 일이 있었다. 그게 시험에 나온다고 하니까 외우긴 해야 했는데 너무 복잡하고 양도 많았다. 이걸 어떻게 다 외우냐고 불평하고 있으니까 옆에 있던 친구가 말했다.

'여태까지 네가 외운 걸 생각해봐.'

그렇다. 그게 아무리 양이 많아도 그때까지 내가 알고 있던 것, 교과서뿐만 아니라 여러 가지 상식과 방법들까지 한다면 그 분량은 엄청났다. 애초부터 질려서 그런 것이지 아무리 두꺼운 영문법 책도 지금까지 당신이 알고 있는 양보다 많지는 않다.

목표를 쪼개라. 영문법 책이 너무 두껍다면 책을 쪼개라. 500쪽 짜리라면 50개로 나누든지, 아니면 100개로 나눠도 괜찮다. 책을 소중히 봐야 한다는 편견은 버려라. 어차피 읽히지 않는 책이라면 종이 뭉치에 불과하다. 그래도 안 되면 좀 더 쉬운 책을 구해서 보라. 중요한 것은 당신의 목표를 향해 한걸음 한걸음 나아가는 것이지 어려운 책을 본다는 허영심은 아니다.

내 의지력 한도 내에서 충분히 할 수 있을 만큼 목표를 쪼개서 실행해 보라. 그렇게 하면 당신은 결코 의지력이 약하지 않을 것이다.

## 의지력을 방해하는 물건을 치워라

상당히 많은 직장인들이 업무 중에 채팅을 하거나 웹서핑을 한다고 한다. 사실 잠깐 쉴 때 아는 사람과 안부를 나누거나 뉴스를 보면서 세상이 어떻게 돌아가고 있는지 보는 것도 좋은 일이다.

여기까지라면 굳이 일부 대기업에서 채팅 프로그램을 원천적으로 차단하는 일은 하지 않았을 것이다. 채팅을 하다 보면 끊임없이 화제가 생기고 그러다 보면 어느새 시간이 훌쩍 지나가 버린다. 당연히 그 시간을 뭔가를 했어야 했는데 하지 못하는 상황이 발생한다.

우리의 의지는 항상 여러 갈래로 나뉜다. 의미 있는, 내 삶에 도움이 되는 일을 하겠다는 의지도 있지만 놀고 싶은 의지도 있다. 더구나 노는 일에는 스트레스가 없기 때문에 쉽게 그 유혹에 빠질 수 있다. 그렇다면 내 목표를 이루는 데 도움이 되는 물건들만 남겨두고 다른 것들은 없애버리면 어떨까?

우리는 자신의 의지력을 도와줘야 할 책임이 있다. 모든 일을 의지력에게만 맡겨서는 안 된다. 그건 어떤 개그맨의 말처럼 '의지력을 두 번 죽이는 일'이다. 어떻게 하면 의지력을 도울 수 있을까?

그것은 방해되는 모든 것들을 치우는 방법이다.

아직까지 채팅을 못해서 병이 났다는 사람은 없다. 용건이 있으면 전화로 하면 그만이다. 그건 너무 각박하지 않느냐고 할지도 모른다. 그렇게까지 해서 의지력을 강하게 하고 싶지 않다고 할지도 모른다. 하지만 그로인해 잃는 것이 너무 많다면 그만둬야 하지 않을까?

우리의 의지력을 방해하는 물건 중 최대의 적은 TV다. 상당히 많은 사람들이 TV 중독증을 앓고 있다. 특히 주말에는 온종

일 '바보상자' 앞에서 보내다 보니 머리는 멍해지고 한 일은 없고 온몸이 찌뿌듯하다. 잠자리에 들면 후회가 몰려오지만 다음 주에도 똑같이 행동하는 당신을 발견하게 된다.

TV를 치워라. 흔히 TV를 보지 않으면 사람들 사이의 대화에 끼어들 수 없다거나 하는 이유를 댄다. 혹은 좋은 프로그램도 많다는 이야기를 한다. 하지만 성공한 사람들을 보라. 그들은 TV를 보지 않는다. 보더라도 아주 짧은 시간만 본다. 아이러니하게도 연예인을 제외하고 TV에 자주 나오는 사람들은 TV를 자주 보지 않는다는 것이다.

우리는 짧은 시간만 보고 TV를 끌 수 없다. 대부분의 사람들은 일정 부분 중독증을 앓고 있다고 한다. 그러니 아예 치워 버리자는 것이다. TV는 수동적인 태도를 요구한다. 수동적인 태도는 의지력에게 치명적인 독약이다. 의지력을 키우고 싶다면 지금 당장 TV를 치우고, 컴퓨터에서 게임을 지워라. 그 외 의지력을 방해하는 모든 물건들을 치워라. 당신의 책상 위에는 오늘 해야 할 것만 올려 두라.

## 메모리 용량의 한계

지금은 워낙 메모리 용량이 크게 나와서 그런 경우가 드물지만 펜티엄급 컴퓨터가 처음 보급될 때까지만 해도 메모리 용량이 부족해 다운되거나 처리 속도가 굉장히 느려지는 일이 많았다. 큰 맘 먹고 게임 하나를 구입하고 씨디를 넣었는데 메모리 용량 때문에 그림의 떡이 되기도 했다.

우리도 마찬가지다. 우리의 머리도 한계가 있어서 한꺼번에 여러 가지 일을 하는 것이 무리일 때가 많다. 메모리는 돈만 있으면 용산에서 사서 끼워 넣을 수도 있지만 우리 의지력의 메모리는 어디 가서 살 수도 없다. 그러니 일의 능률을 올리려면 몇몇 윈도우를 닫아야 하는데 그게 참 쉽지가 않다. 신경 쓰지 않겠다고 창을 닫아도 마치 바이러스 먹은 컴퓨터처럼 명령을 내리지 않았는데도 온갖 창이 둥둥 뜬다. 그러다가 그만 '다운' 돼 버리기 일쑤다.

컴퓨터에는 디스크 조각모음, 디스크 정리, 오류 수정 등의 기능이 있다. 사람으로 치면 산만한 마음을 깨끗하게 정리하는 것이라 할 수 있다.

또 휴지통도 더러 비워 줘야 한다. 지나간 일들을 휴지통에서 깨끗이 버려야 한다. 컴퓨터에서는 휴지통을 비우면 다시는 복원할 수 없지만 우리의 머리는 그걸 전부 기억하고 있다. 그러니 굳이 지나간 일들에 용량을 뺏길 필요가 없다.

의지력의 용량을 책상의 크기라고 상상해 보라. 책상의 크기에는 한계가 있다. 그런데 그 좁은 책상에 온갖 책들과 종이와 연필들과 잡동사니들이 굴러다닌다면 일이 제대로 될 수 없다. 모두 챙겨서 서랍에 넣어 두라. 그리고 지금 해야 할 가장 중요한 일만 책상 위에 올려 두라. 마음을 산만하게 하는 일이 있으면 눈을 감고 책상을 상상하라. 그리고 그 일을 책이든 연필이든 어떤 물건으로 만들고 조용히 집어서 책상 서랍에 넣어두라. 다시 기억하지 않아도 되는 것이면 휴지통에 던져 버려라. 그렇게 함으로써 당신의 집중력과 의지력은 충분한 공간을 확보하게 된다.

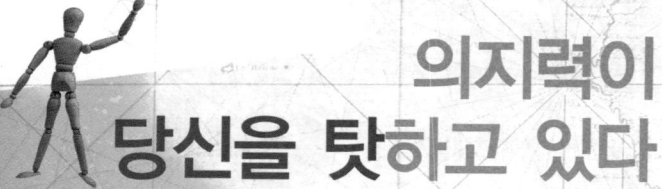

# 의지력이 당신을 탓하고 있다

우리는 여태까지 의지력을 탓해 왔다. 이제부터는 생각을 바꿔 보자. 의지력이 우리는 탓한다고 생각해 보자. 의지력을 도울 수 있는 방법을 찾아 보자.

강할 때는 한없이 강하지만 약할 때는 또 한없이 약해지는 것이 의지력이다. 그 의지력이 강한 체력을 유지하게 할 수 있는 것은 우리 자신밖에 없다.

# 도로표지판을 세워두라

당신은 지금 어디로 가고 있는가? 어떤 인생의 목표를 향해 차를 몰아 가고 있는가?

모든 사람의 목표가 다를 것이니 우선 그 목표를 마라도라고 가정하자.

우리는 지금 서울에 있다. 그럼 마라도까지 어떻게 갈 것인가? 인천에서 배를 타고 갈 것인지, 아니면 비행기를 타고 제주도로 가서 배를 탈 것인가? 그것도 아니면 기차를 타고 부산으로 가서 거기서 배를 탈 것인지? 그도 아니면 헬기를 타고 갈 것인지. 가는 방법은 무수히 많다. 심지어 걸어가다가 헤엄쳐서 가는 방법도 있다.

당신의 목표가 100억을 모으는 것이라고 하자. 돈 자체를 목표로 하는 것은 그렇지 바람직하지 않지만-로또로 대박을 맞은 사람들의 인생이 그리 편안치만은 않다는 이야기가 많이 들린다.- 구체적인 소재이므로 그렇게 하자. 당신은 무엇을 해서 돈을 모을 것인가?

계속 직장을 다니면서 푼푼히 모아 100억을 만든다고 계획했다고 치자. 불가능한 이야기지만 일단 그게 가능하다고 가정해 보자. 그럼 그냥, '난 죽기 전까지 100억을 모을 거야.' 라고만 하면 되는가? 그렇게 해서는 절대로 그 돈을 모을 수 없다. 월급이 꾸준히 인상되는 것을 가정하고 '올해는 얼마를 모을 것이다.' 라고 결정해야 한다. 그리고 그렇게 하려면 매달 얼마를 모아야 하고 또 매일 얼마를 써야 하는지 계획을 세워야 한다.

그 매일매일의 계획이 바로 도로표지판이다. 자신이 갈 길에 미리 이정표를 세워 두고 자신이 제대로 가고 있는지 확인하고 거기까지 도달했다는 성취감을 느낄 수 있는 것이다.

건물을 세울 때도 설계도를 만든다. 설계도 없이 건물을 세웠다가는 무너지기 딱 좋다. 우리는 단층짜리 건물을 지으려는 게 아니다. 70년을 산다면 70층짜리 건물을 세워야 한다. 그 건물의 넓이는 자유다. 목표도 마찬가지다. 복잡하고 치밀한 계획의 설계도가 있어야 무너지지 않는다.

그리고 계획은 꾸준히 수정되어야 한다. 갑자기 어떤 프로젝트에 대한 성과급을 받을 수도 있고 직장이 어려워져 연봉이 동결될 수도 있다. 최악의 경우 계획했던 정년보다 일찍 정리해고를 당할 수도 있다.

무모하게 나는 무엇을 하고 싶다라고 하는 건 초등학생이나 하는 일이다. 초등학생의 장래희망을 그저 꿈이라고 부르는 건 구체적인 계획이 없기 때문이다. 실현 가능성이 거의 없기 때문에 '꿈'이라고 부르는 것이다.

당신은 아직 꿈만 꾸고 있는가? 아니면 자신의 목표를 위한 구체적인 계획을 세워 두고 있는가?

## 작은 의지력이 큰 의지력을 부른다

아무리 사소한 일이라도 해내기 위해서는 의지력이 필요하다. 하다못해 물 한 잔을 마시더라도 마시겠다는 의지가 없다면, 그리고 그 의지를 행동으로 옮기는 의지력이 없다면 할 수 없다. 워낙 일상적인 일이고 사소한 일이라서 별 생각 없이 하는 행동이지만 모든 움직임에는 의지력이 작용한다.

당신이 여태까지 크게 마음먹고 시작한 일들 중에 하나도 제대로 해 내지 못했다면 작은 일부터 시작하기 바란다. 이미 말했지만 아무리 작은 일이라도 거기에는 의지력이 들어 있고 그 작은 의지력들이 모여서 강력한 의지력이 탄생하는 것이다. 큰일일수록 강한 의지력이 필요하기 때문에 스스로 의지력이 약하다고 착각-당신은 분명 강한 의지력이 갖고 있다.-하는 사람은 처음부터 질리게 된다.

아랫배가 풍만한 당신, 총각 때의 몸매를 갖고 싶다. 뛰는 운동이 좋다고 하는 소리를 들었다. 꾸준히 뜀박질을 해야 배가 들어갈 것이다. 배가 들어갈 정도라면 운동장 몇 바퀴는 뛰어야 한다. 그런데 갑자기 운동장 몇 바퀴를 도는 것은 쉬운 일이 아니다. 체력적으로도 쉽지 않을 뿐더러 꾸준한 운동을 해 본 적이 없는 당신이 갑자기 높은 의지력이 필요한 일을 이뤄내기는 쉽지 않다. 하루 이틀이면 나가떨어지고 말 것이다. 더구나 그런 사실을 당신도 잘 알고 있기 때문에 웬만해선 그런 결심을 하지 않는다.

그렇다면 이렇게 마음먹어 보라. 퇴근하는 길에 동네 공원을 걸어서 딱 한 바퀴만 돌자. 쉬운 일이다. 뛰지 않아도 된다. 집에 가서 저녁을 먹고 나서 다시 나오는 번거로움도 피할 수 있다. 그리 넓지 않은 공원이라면 아무리 천천히 걸어도 10분 안에 해낼 수 있다. 최대한 당신이 편하게 할 수 있는 운동이다. 공원 한 바퀴 돈다고 무슨 운동이 되겠냐고 생각하겠지만 평소 걷는 일이 드문 당신에게는 그것도 운동임에 분명하다.

길면 한 달, 짧으면 보름 정도만 이 일을 계속한다. 그러면 이 일은 당신에게 아주 익숙한 일이 된다. 퇴근 후엔 자연스럽게 공원으로 발길을 돌리게 될 것이다. 그 다음엔 집에 갔다가 오자. 이번엔 두 바퀴만 걸어서 돌자. 절대 뛰지 말라. 걷기만 하면 된다. 대신 이제 운동복도 입었으니 조금 빨리 걸어보자.

그렇게 또 보름 정도만 하자. 그 역시 익숙해질 것이다. 거기까지만 하면 이제 성공한 것이나 다름없다. 조금씩 걷는 속도를 빨리하고 거리도 조금씩 늘여가자. 몇 달 지나지 않아 공원을 힘차게 달리고 있는 당신의 모습을 볼 수 있다. 그리고 그와 함께 서서히 들어가는 아랫배를 보면서 뿌듯함을 느낀다. 그리고 마침내 똑바로 선 자세에서도 자신의 발가락을 보는 기쁨을 맛보게 될 것이다. 허리를 숙일 때마다 전해지는 압박감을 더 이상 느끼지 않아도 된다.

당신이 처음 마음먹었을 때 당신의 의지력은 아주 강하다.

그러나 그 강함은 그리 오래가지 않는다. 운동을 해야겠다는 최초의 의지력이 '1000'이라고 할 때 '1000'의 의지력이 드는 일을 한꺼번에 해 버리면 의지력은 금방 소진되고 만다. 지금 의지력이 1000이라고 해도 300 정도의 의지력만 드는 일부터 시작하라. 그리고 나머지 700은 계속 유지하라. 그것이 당신에게 지속적인 에너지를 제공하게 된다.

## 의지력은 계단을 좋아한다


많이 개선되고 있긴 하지만 우리나라 지하철 계단은 잔인할 정도로 길고 높다. 어떤 역은 까마득할 정도다. 대체로 한 계단씩 올라가지만 성급한 사람들은 두 계단씩 성큼성큼 올라간다. 대체로 젊은 사람들이지만 그들도 다 올라가고 나서는 숨을 할딱거린다.

그런데 더 성급한 사람이 있어서 그 계단들을 한꺼번에 뛰려고 한다면 어떻게 될까? 그럴 사람은 없겠지만 한 번의 도약으로 계단 끝까지 가려고 하는 사람이 있다면 결과는 딱 두 가지다. 피가 흐르는 이마를 싸안고 가까운 병원으로 가거나 그 자리에 그냥 서 있는 것.

 병원에 가는 경우는 어떤 계기로 인해 갑작스럽게 생긴 충동적 의지력으로 무리한 계획을 실행하다가 실패하는 사람이다. 그냥 서 있는 사람은 도저히 한 번에 오르는 것은 불가능할 것 같으니까 처음부터 포기하고 만다. 지하철 계단에서야 이런 사람들이 없겠지만 인생에서는 많은 사람들이 이렇게 어리석은 짓을 하고 있다.

 영화에서 보여주는 장면은 잊어야 한다. 실의에 빠져 있던 운동 선수가 사랑하는 사람을 위해, 혹은 복수를 위해 마음을 다잡고 훈련하는 모습을 영화에서 보았을 것이다. 영화에서는 음악이 흐르고 몇 개월 간 잠 자는 모습은 한 번도 나오지 않고 오로지 훈련하는 모습만을 보여 준다. 그리고 그 혹독한 훈련은 단 몇 분 만에 완성되어 버린다. 그러나 그것은 영화일 뿐이다. 우리는 길게 봐야 한다. 잠깐 노력하고 뭔가를 얻으려는, 그야말로 날로 먹으려는 생각은 버려야 한다. 이 세상에 의미 있는 것 중에 그렇게 해서 얻어지는 것은 아무것도 없다.

 인생의 목적을 달성하는 데도 단계적인 계획이 필요하다. 10

년 뒤의 커다란 목적만 생각하면 우리의 의지력은 버틸 수 없다. 의지력은 마치 잘 삐지는 애인과 같은 존재다. 끊임없이 배려해 주고 잘 대해 줄 때 의지력이라는 애인도 우리를 도와준다.

당신은 당신의 애인을 위해 얼마나 성실하고 치밀한 계획을 세웠는가? 의지력이라는 애인을 삐치지 않게 할 자신이 있는가? 지금 당장 계획을 재점검하라.

# 당신의 의지력이 약하다는 증거는 없다

"어쩔 도리가 없다. 난 한 마리의 갈매기일 뿐이다. 난 나의 본성에 의해 한계를 지니고 있다. 만일 내가 나는 것에 대해 그토록 많은 걸 배우도록 태어났다면, 난 머릿속에 바다 지도를 갖고 있었을 것이다. 만일 내가 더 빨리 날도록 태어났다면, 매의 짧은 날개를 갖고 있었을 것이다. 그리고 물고기 대신 생쥐를 먹고 살았을 것이다. 아버지 말씀이 옳았다. 이 어리석음을 잊어야만 한다. 갈매기들이 있는 집으로 돌아가 가련하고 능력의 한계를 지닌 한 마리 갈매기로서의 나, 있는 그대로의 나 자신에 만족해야 한다."

리처드 바크의 『갈매기의 꿈』 중 일부이다. 조나단이 고속 비행을 시도하다가 실패한 후 마음속으로 푸념한 내용이다.

우리도 조나단처럼 스스로의 태생에 불만을 품는다.

'나는 원래부터 의지력이 약하게 태어났어. 그렇지 않다면 어떻게 마음먹은 일 중 하나도 끝까지 해내지 못할 수 있지? 맞아. 그게 내 운명이야. 나는 이렇게 살아가도록 정해져 있는 거야.'

후세에 의해 천재라는 평가를 받은 사람 중에는 늦은 나이에 업적을 이룬 사람들도 많다. 그 사람들이 처음부터 포기해 버렸다면 그들은 위대한 일을 해 내지 못했을 것이다.

당신이 천재라는 증거는 어디에도 없다. 하지만 당신이 천재가 아니라는 증거도 없다. 마찬가지로 당신이 강한 의지력을 갖고 태어났다는 증거는 어디에도 없지만 당신이 날 때부터 약한 의지력을 갖고 태어났다는 증거도 없다.

귀족과 평민의 신분차별이 엄격했던 시절, 평민은 아무리 부자라도 평민일 뿐이었다. 돈을 주고 신분을 사는 경우도 없지 않았지만 그래도 사람들은 평민은 영원히 평민이라고 생각했다. 즉, 본질은 변하지 않는다는 것이었다.

이와는 달리 현재의 내가 나의 본질을 결정한다는 주장도 있다. 나는 이 말을 좋아하고 또 믿는다.

우리가 우리의 의지력을 강하게 만들면 우리는 강한 의지력의 유전자를 갖고 태어난 것이다. 하지만 지금 내 의지력이 약하다면 나의 본질은 허약한 의지력을 갖고 있다.

조나단은 실패했지만 다시 시도했고 결국 좀 더 높은 세계로 갔다. 소설에서는 신비주의적인 분위기가 풍기지만 현실 세계에서도 얼마든지 높은 세계로 갈 수 있다. 높은 세계는 돈이 많은 것이나 사회적 명성이 높은 것이 아니다. 그것은 현재의 자신, 혹은 과거의 자신을 극복하는 것을 말한다. 자신을 극복하는 것, 그것이 바로 새롭고 한 단계 높은 세계인 것이다.

## 그냥 열심히 하는 거지, 뭐?

집중력을 높여준다는 기계의 광고를 본 적이 있는가? 거기서 어떤 친구가 공부를 잘하는 친구에게 묻는다.

"넌 공부 어떻게 하니?"

공부 잘하는 친구의 대답이 걸작이다.

"그냥 열심히 하는 거지, 뭐."

사실 그 공부 잘하는 친구는 그리 바람직한 인물은 못 된다. 방법을 알고 있으면서 친구가 경쟁자라는 이유로 가르쳐 주지 않고 있다. 입시교육의 잘못된 점은 여기서 이야기할 게 아니므로 일단 접어두자.

 그 친구에게는 공부를 잘하는 방법이 있다. 그 방법이란 바로 기계다. 그 효과에 대해서는 찬반양론이 있지만 일단 효과가 있다고 가정하자.

 이 광고에서 우리가 봐야 할 것은 '그냥 열심히만 해서는 안 된다.'는 것이다. 그냥 열심히만 해서는 열에 아홉은 실패하기 마련이다. 우리의 의지력은 무소의 뿔처럼 혼자 서있는 것이 아니다. 의지력이 강해질 수 있는 토양을 만들어 줘야 강해질 수 있다. 무턱대고 달려든다면 의지력은 약해질 수밖에 없다. 그러면 당신은 또 내 의지력이 나를 배신했다고 불평하게 된다.

 그러나 정작은 당신이 의지력을 배신한 것이다. 미련하게 열심히 하기만 하는 것은 스스로 의지력에게 치명적인 독약을 주입한 것이나 마찬가지다.

 어떤 일을 할 때 우리는 가능하면 쉽고 효율적인 방법을 찾아야 한다. 그 방법은 각자가 다르고 자신에게 적합한 방법을 찾는 것은 오로지 자신의 몫이다.

찾는 방법은 실패밖에 없다. 이런저런 방법을 구상하고 실행함으로써 목표에 접근해야 하는 것이다. 그러면서 자신에게 가장 적합하고 효율적인 방법을 찾게 될 것이다. 이미 말했지만 마라도로 가는 길은 수 만 가지다. 배 멀미가 심한 사람이 끝까지 인천에서 배를 타고 가겠다고 고집을 피운다면 가지 않겠다는 말과 다를 바 없다.

 새벽에 영어학원을 다니다가 실패했다면 다음에 다시 시도할 때는 저녁 시간에 등록을 해야지 다시 새벽에 등록해서는 안 된다. 단순히 '이번에야 말로 영어의 달인이 되고 말겠어.'라는 굳은 각오를 하고 의지력을 상승시켜 출발한다고 해도 당신이 아침잠이 많은 사람이라면 성공하기 힘들다. 괜히 당신의 의지력만 괴롭히는 꼴이 되고 만다. 끊임없이 효과적인 방법을 연구하라. 그것이 당신의 의지력을 강화시킬 것이다.

## 주위 사람들이 자신을
## 의지가 강한 사람이라고 생각하게 하라

옛날 옛날 한 옛날에 시어머니를 몹시 싫어하는 며느리가 있었다. 이 며느리는 늙은 시어머니가 빨리 죽기를 간절히 원했다. 당연히 이 시어머니도 며느리를 싫어했다. 딱히 털어놓을 데가 없는 시어머니는 동네 여기저기를 다니면서 며느리 흉을 봤다.

그러던 어느날…… 전설의 공식대로, 어떤 스님이 나타났다. 시주를 받으러 왔던 스님은 시주를 받고 가려다가 며느리에게 뭔가 걱정이 있느냐고 물었다.

우리 같으면 별일 아니라고 했겠지만 전설에서는 처음 본 사람에게도 자신의 개인적인 비밀을 잘 털어놓는다. 며느리의 불평을 다 듣고 난 스님은 방법이 있다고 한다. 시어머니가 죽는 방법은 매일 저녁 밤 3개를 구워 시어머니에게 먹이는 것이다. 그렇게 딱 100일만 하면 시어미가 죽는다는 것이다.

며느리는 미운 시어미에게 맛있는 군밤을 매일 저녁 갖다 바치는 게 싫었지만 목표한 바를 이루기 위해 최선을 다했다. 드디어 100일째 되는 날, 며느리는 안절부절 못하고 있었다. 그동안 무슨 변화가 있었는지 며느리는 시어머니가 죽으면 어떡하나 하고 걱정하고 있었던 것이다.

아니나 다를까? 스님이 왔다. 며느리는 눈물을 흘리면서 시어머니를 살려 달라고 말한다. 그러자 그 스님은 껄껄 웃으면서 자신의 말이 '뻥'이었음을 고백한다. 일부러 거짓말을 한 것이다.

어떻게 된 일일까? 처음에는 며느리가 군밤을 주는 것을 이상하게 생각했던 시어머니는 점점 더 며느리가 좋아졌다. 왜냐면 맛있는 걸 매일 주니까. 그리고 그 이야기를 온 동네 사람들에게 자랑했다. 그 칭찬은 돌고돌아 며느리의 귀에도 들어

왔다. 그런 칭찬을 자주 듣다보니 며느리는 자신을 칭찬하는 사람을 미워할 수 없었고 결국은 시어머니를 좋아하게 된 것이다.

이 며느리의 경우 주위 사람들의 '효부' 칭찬이 실제로 그녀를 효부로 만들었다. 물론 여기서 이야기하고자 하는 교훈은 서로 좋은 마음을 품어야 한다는 이야기겠지만 하나의 이야기에서 꼭 하나의 교훈만 얻으라는 법은 없다.

비슷한 경우는 또 있다. 우리는 누군가 병문안을 갔을 때 심각하지 않은 병, 이를테면 약간의 사고로 다리만 부러졌다거나 하면 가벼운 농담으로 '아이구, 다 죽어가네' 라는 말을 할 수도 있겠다. 그렇지만 심각한 병에 걸린 사람에게는 '많이 좋아졌네.' '이제 퇴원해도 되겠네.' 라는 말로 위로를 대신한다.

실제로 전혀 아프지 않은 사람인데도 주위 사람들이 어디 아픈 거 아니냐고 계속 물으면-실제로 무슨 병을 앓고 있을 수도 있지만-건강하던 사람도 정말 환자가 되어 버리는 일도 있다.

더운 여름날 학교 점심시간. 모두 책상에 엎드려서 자고 있을 때 혼자 공부를 하고 있어 보라. 혹은 교실이 난장판일 때도 꿋꿋이 앉아서 버텨 보라. 꼭 공부를 하지 않아도 좋다. 그런 모습을 일주일만 보여 주면 친구들은 '저 놈은 독한 놈'이라고 생각할 것이다. 그것은 은연중에 자신에게도 영향을 미친다.

전날 회식에서 새벽까지 술을 마셨다고 하자. 당신은 미래를 위해 영어회화 새벽강좌를 듣고 있고 동료들은 그 사실을 알고 있다.

다음 날 아침, 모두 부시시한 얼굴일 것이다. 점심 때쯤 슬며시 자기자랑을 하라.

"아침에 학원에서 반밖에 못 들었어. 졸다가 깨다가 하느라고 말이야."

당신은 한탄조로 말하겠지만 동료들은 '대단한데, 그렇게 술을 먹고도……'라고 생각할 것이다. 성격 고약한 동료라면 자기 자랑한다고 생각하겠지만 그 정도의 자기 자랑이라면 문제가 되진 않는다. 더구나 당신이 평소에 자기자랑을 밥 먹듯이 하지만 않았다면 누구도 당신을 '젠체하는 사람'이라고 생각하지 않을 것이다.

자, 지금부터 '독한 놈'이 되자. 당신의 의지력을 키우기 위해 주변 사람들의 칭찬을 이용해 보자. '칭찬은 고래도 춤추게 한다.'고 하지 않는가. 당신은 그 칭찬에 어긋나지 않기 위해서라도 정말 의지력 강한 사람이 되어 갈 것이다. 남들이 나를 어떻게 생각하느냐에 따라 내가 정의되기도 하는 법이다.

## 본보기를 찾아라

당신은 존경하는 사람이 있는가? 그렇다면 당신은 그렇지 않은 사람보다 훨씬 더 유리한 위치에 있다. 존경하는 사람이 없는 사람은 지금 당장 서점으로 달려가서 전기나 평전을 구해서 읽어 보기 바란다. 판에 박힌 공식대로 써놓은 아동용 위인전이 아닌 진짜 전기와 평전을 구해야 한다.

사업가가 되기 싶다면 그런 사람을 찾고, 시민운동가가 되고 싶다면 또 그런 사람들을 찾으면 된다. 미술가, 작가, 음악가를 꿈꾸는 사람들도 마찬가지다.

자신의 삶에 대해 판단하고 행동에 옮길 수 있는 것은 자신 밖에 없지만 그런 자신의 삶에 대해 우리는 정확한 판단을 하기가 쉽지 않다. 판단이 모호하니까 행동도 망설여진다.

 우리가 찾은 위인은 그런 판단과 행동에 기준을 제시한다. 그들이 책으로까지 나와 있는 것은 그만큼 남달랐기 때문이다. 위인들 치고 의지력이 강하지 않은 사람이 누가 있던가? 그런 사람들의 행동방식을 흉내내는 것만으로도 상당히 강한 의지력을 획득할 수 있다. 그들의 사진이나 좌우명을 집에 걸어 두거나 컴퓨터의 바탕화면에 깔아 두는 것도 좋은 방법이다. 수시로 그들의 좌우명과 사진을 보면서 의지를 다져 나갈 수 있도록 말이다.

 위인을 흉내내라. 그러나 똑같이 하려고 생각하지 마라. 조금씩 조금씩 가까이 간다고 생각하라. 연애를 할 때도 마찬가지다. 한꺼번에 다가가면 상대방은 겁을 먹고 도망가기 마련이다. 위인들은 대부분 굉장히 '지독한' 사람들이다. 당신은 아직까지 그렇게 지독하지는 않다.

 단번에 위인들의 행동을 따라하면 부작용이 생길 수밖에 없다. 잘 해야 하루밖에 버틸 수 없을 것이다. 그러면 실패에 따른 부작용만 생긴다. 이 부작용은 무력감이다. 인생을 살면서 무력감만큼 무서운 것도 없다. 무력감에 빠져 있는 사람은 이미 시체나 다름없기 때문이다. 꿈도 없고, 그래서 꿈을 위한 행동도 없는 사람을 과연 산 사람이라 부를 수 있겠는가?

마라톤을 생각해 보자.

선수들은 2시간 여 만에 42.195킬로미터를 달린다. 당신은 하루 만에 이 코스를 완주할 수 있다. 물론 2시간 만에는 안 되겠지만 어쨌든 하루 종일 걸으면 그 정도 거리는 갈 수 있다. 그럼 그 다음에는?

아마 당신은 병원으로 가봐야 할 것이다. 마라토너들은 마라톤이라는 분야에 있어서만큼은 우리들에게 위인이다. 그들을 본보기로 삼는다고 해서 당장 그들과 똑같은 거리를 달리려고 해서는 안 된다. 심지어 선수들조차 평소에 꾸준히 단거리 연습을 하지 않는가? 처음에는 그냥 흉내내는 것만으로 만족하라. 100미터만 뛰어도 당신은 이미 훌륭하다.

# 존경하는 사람을 자신의 감시자로 삼아라

존경하는 사람이 있는 사람은 유리하다고 했다. 여기다가 그 사람이 아직 살아 있는 사람이라면 더욱 좋다. 거기다가 우리나라에 있는 사람이면 더할 나위 없다.

먼저 그에게 이메일을 보내라. 약간의 노력만 기울이면 저명인사들의 이메일 정도는 구할 수 있다. 그리고 당신처럼 되고 싶다고 써라. 다들 바쁜 사람들이니 너무 길게는 쓰지 말고 핵심만 추려서 간단하지만 절실한 내용으로 보내라. 그리고 어떻게 하면 되겠는지 자신의 상황을 설명하고 도움을 구하라.

웬만한 사람이라면 간단한 답변 정도는 줄 것이다. 그럼 그걸 자신의 금과옥조로 삼아 목표에 매진하면 된다.

존경하는 사람이 있다는 것은 명확한 목적과 모범이 있다는 장점도 있지만 스스로에 대한 감시자로 삼을 수 있다. 우리는 스스로를 감시하는 일에 게으르고 또 감시자의 눈을 갖고 있기도 힘들다. 그러나 제 3자의 눈으로 보면 자신의 모습이 더 잘 보이게 된다.

아주 오래 전에 어떤 책에서 읽은 이야기다. 어리석은 사람들이 사는 마을이 있었다. 어느 날 그 마을에 현자가 나타났고 마을 사람들은 무슨 문제가 있을 때마다 그에게 가서 어떻게 하는 것이 좋을지 묻곤 했다. 그리고 세월이 지나 그 현자는 죽었다. 현자가 사라졌는데도 마을 사람들은 다시 어리석은 사람들로 돌아가지 않았다. 그들은 문제가 생길 때마다 현자라면 이 문제를 어떻게 해결했을까 하고 생각했던 것이다.

나태해질 때 우리는 내가 존경하는 사람이라면 이 때 어떻게 했을까? 의지력이 꺾이려 할 때 그라면 어떻게 했을까? 그렇게 생각하는 것만으로도 당신이 처한 상황과 자신의 마음을 객관적으로 볼 수 있는 눈을 가지게 될 것이다. 그리고 그것은 당신의 의지력을 지키는 데 큰 도움을 줄 것이다.

제 3자의 눈으로 자신을 볼 수 있다는 것은 엄청난 강점이다. 바둑이나 장기를 둘 줄 아는 사람들은 알 것이다. 옆에서 앉아서 훈수를 할 때 얼마나 수가 잘 보이는지.

굳이 바둑이나 장기일 필요도 없다. 축구경기를 볼 때도 우리는 이렇게 패스해라, 저쪽으로 찼으면 기회가 왔을 것이라는 걸 아주 잘 안다. 전문가가 아닌데도 말이다. 그런데 실제로 축구를 해 본 사람들은 알겠지만 일단 경기장에 들어가면 주변이 보이지 않는다. 특히 자기 발에 공이 들어오면 어디로 차야 할지 난감할 때가 많다.

존경하는 사람을 가짐으로써, 그들을 우리의 감시자로, 조언자로 삼을 수 있고 우리가 처한 상황을 냉철하게 관찰하고 판단할 수 있다. 그리고 그 판단은 언제나 의지력을 강하게 하는 데 도움이 될 것이다. 왜냐하면 냉철한 판단은 목적의 수행을 도울 것이고 목적의 수행이 곧 의지력의 강함을 보여주는 것이기 때문이다.

## 미래의 충고를 받아들여라

여기서 말하고자 하는 것은 앞에서 말한 존경하는 사람의 눈으로 보라는 이야기와 일맥상통하는 이야기다.

우리의 목표는 명확해야 한다. 그 목표를 이뤘을 때 자신의 모습을 구체적으로 그려 볼 수 있을 정도가 되어야 한다.

고등학생이라면 좋은 대학에 가는 것을 눈앞의 목적으로 두고 있을 것이다. 그럼, 그 대학교의 학생이 되어 있는 자신을 상상해 보라. 지금보다 시간의 여유도 있고 선택의 폭도 넓어진다. 동아리 활동에 열중할 수도 있고 봉사활동을 할 수도 있다. 전공이 생김으로써 하기 싫었던 과목의 공부를 하지 않아도 된다. 대학생으로서 자신의 일에 열중하고 있을 때 후배가 찾아 온다. 당신은 좋은 대학에 우수한 성적으로 입학했으므로 조언을 듣고 싶어서 찾아 왔을 것이다. 그럼, 당신은 후배에게 '나는 말이야~' 라고 하면서 약간의 거드름까지 피면서 이렇게 공부했고 저렇게 암기했고 졸릴 때는 어떻게 했다는 말들을 해 줄 것이다.

직장인이라면 CEO가 꿈일 수 있다. CEO 중에는 존경을 받는 사람도 있고 욕을 먹는 사람도 있을 수 있다. 당연히 당신은 존경 받는 CEO가 되어 있을 것이다. 어느날 아침에 출근해서 평소대로 비서에게 차 한 잔을 부탁하고 그날 일정을 보고 받는다. 그런데 비서가 어떤 단체에서 직장인들을 상대로 강연을 부탁했다고 말한다. 현재의 당신이 있기까지 어떻게 했는지에 대한 이야기를 해 달라는 것이다. 그럼 그때부터 당신은 어떤 이야기를 해줘야 할지 고민할 것이다.

자! 그 후배와 강연을 듣게 될 직장인은 바로 지금 당신이다. 목표를 이룬 미래의 당신은 현재의 나에게 어떤 이야기를 들려 줄 것인가?

당신은 여러 가지 조언들을 해 줄 것이다. 그리고 의지력을 강하게 만드는 방법에 대해서도 열변을 토할 것이다. 경청하라. 미래의 당신이 하는 이야기는 모두 옳다.

이 방법은 이를테면 혼자 하는 역할 놀이다. 특별하게 공부를 하지 않아도 단순히 역할을 바꾸는 것만으로도 상대방을 이해할 수 있는 게 바로 역할 바꾸기다. 미래의 자신과 역할 놀이를 해보라.

그리고 미래의 충고를 받아들여라. 미래의 당신이 어떻게 의지력을 키워 나갔는지 똑똑히 기억하라.

# 의지력의 성격

어떤 사람과의 관계를 오랫동안 지속하기 위해서는 그 사람의 성격을 잘 알아야 한다. 그래야 그 사람과 심각한 다툼이 생기지 않을 것이다. 만약 그의 성격을 모른다면 얼마 가지 않아 다툼이 생기고 결국 헤어지고 말 것이다.

우리의 의지력은 어떤 성격을 갖고 있을까? 분명한 것은 의지력은 성격이 꽤나 까다롭다는 것이다.

# 겨울에는 나무를 베지 마라

누구나 짜증이 날 때가 있다. 그 원인이 다른 사람의 잘못으로 인한 경우도 있지만 자신의 내부에서 나오는 경우가 많다. 짜증은 한번 생겼다 하면 잘 사라지지 않는 특성을 갖고 있다. 쉽지 않은 일이지만 이럴 때는 툭툭 털어 버리는 게 상책이다. 그냥 머리만 흔들지 말고, 실제로 몸을 일으켜서 먼지를 털듯이 툭툭 털어 보라. 훨씬 나을 것이다.

갑자기 '짜증' 이야기를 하는 것은 짜증 역시 의지력에는 상당한 해악을 미치기 때문이다. 위에서 말한 의지력의 나무에 툭툭 발길질을 하는 게 바로 짜증이란 놈이다. 그런데 짜증은 이성이 아니라 감정의 문제이기 때문에 생각을 바꿔 먹어도 좀처럼 정리되지 않는다. 시간이 가야 해결되는 문제다. 노력 여하에 따라 시간의 길이도 달라지겠지만 성인이 아닌 이상 어느 정도의 시간은 필요하다.

주의할 것은 짜증이 날 때는 목적을 생각하지 말라는 것이다. 주위 사람 중 누군가 짜증을 내면 자신도 짜증이 난다. 짜증의 전염성이 굉장히 강하기 때문이다. 이 전염성은 우리의 의지까지 짜증으로 전염시키고 만다. 이때는 짜증에게 우리의 의지를 보여 주지 않는 것이 좋다.

이럴 때일수록 목적을 생각하고 의지력을 이용해 앞으로 나아가야 한다고 생각할 수도 있다. 그러나 당신의 의지력이 아주 강하지 않다면 짜증을 당해 내기란 힘든 일이다.

짜증은 당신에게 휴식이 필요하다는 신호다. 잠시 쉬는 것도 의지력을 위해서는 좋은 일이다. 비유를 하자면 보약이나 경치 좋은 곳에서의 휴식 같은 것이다. 이런 날은 그날의 목표치를 대폭 낮춰 잡아라. 그래야 의지력이 짜증에 전염되지 않는다. 그것은 여태까지 열심히 목표를 향해 달려온 당신에게 주는, 작지만 소중한 보상이므로 자책감을 느끼지 말자. 당신은 다시 내일부터 의지를 불태울 것이므로 하루쯤 천천히 간다고 해서 크게 잘못될 일은 없다.

여기서 스스로를 속이지 않도록 주의하자. 짜증이 나서 쉬는 것이지 쉬기 위해 짜증을 내는 것은 아니다. 우리들의 합리화 능력은 놀랍도록 정교하고 교묘해서 쉬기 위해서 짜증을 만들어 낼 수도 있다. 그런 의심이 든다면 앞서 말한 것처럼 종이에 적어볼 필요가 있다. 그렇게 한다면 짜증은 우리를 속이지 못할 것이다.

## 뛰면 숨이 차다

당신은 지금 운동장 열 바퀴를 돌아야 한다. 처음 한 바퀴를 돌 때는 비교적 가뿐하겠지만 곧 숨이 막히고 다리에 힘이 빠진다. 좀 더 뛰면 심장이 터질 것 같고 땀은 비 오듯 쏟아진다.

그런데 가만 생각해 보면 뛸 때 땀이 나고 숨이 차는 것만큼 당연한 일도 없다. 누군가 땀을 하나도 흘리지 않고 숨도 차지 않고 뛰는 방법을 당신에게 묻는다면 뭐라고 대답해 줄 것인가? 당신은 아마도 '그냥 뛰지 마. 그런 방법은 없어.' 라고 대답하지 않을까.

뜬금없이 뜀박질 이야기를 꺼낸 것은 스트레스를 말하기 위함이다.

스트레스는 의지를 꺾이게 하는 주범 중 하나다. 뛸 때 힘든 것처럼 뭔가 중요한 일을 할 때도 힘을 들여야 하는 것은 필수적이다. 그러니 힘든 것을 피하려고 하지 말고 당연한 것으로 받아들여야 한다. 자신을 발전시키려는 사람이 땀 한 방울 흘리지 않고 그것을 하려고 한다면 다리를 움직이지 않고 뛰려는 것과 똑같다. 힘든 것을 받아들이지 않으려 할 때 그것은 스트레스가 되지만 그것을 당연한 것으로 받아들이면 의지력의 체력을 기르는 훌륭한 땀이 된다.

여름에는 덥고 겨울에는 춥다. 당연한 일이다. 이 당연한 것을 받아들이지 못하고 덥다고 짜증내고 춥다고 불평한다. 더위와 추위를 받아들여 보라. 그럼 그 고통이 훨씬 덜 할 것이다. 더위는 더위대로 추위는 그것대로 나름의 역할이 있다. 겨울이 춥지 않으면 다음해 여름에 병충해가 심해 농사에 지장을 주기도 하고 사람들은 훨씬 더 많은 세균에 노출될 것이다. 마찬가지로 여름이 너무 시원하면 과일 값이 올라간다.

일을 하다 보면 잘 안 풀릴 때가 있다. 생각한 대로 일이 풀린다면 그것만큼 좋은 일이 없겠지만 여태까지 경험을 되돌아보면 항상 문제들이 생겼다. 이런 문제들은 그것이 중요한 일일수록 더욱 그렇다.

'피할 수 없다면 즐겨라.' 는 말이 있다.

힘든 것을 피하려 하지 마라. 피하고 싶은 마음이 드는 것이 당연하지만 어떤 일을 하든 그게 자신에게 도움이 되는 일이라면 힘들지 않을 수 없다.

그것을 내가 발전하고 있다는 증거라고 생각해 보면 어떨까. 시각을 약간 달리하는 것으로 전혀 다른 의미로 다가온다. 여태까지는 일의 진행을 방해하는 요소였지만 지금부터는 일이 진행되고 있다는 증거다.

어떤 일을 하면서 정신적으로 육체적으로 힘이 든다면 '아! 내가 발전하기 시작하는구나.' 라고 생각하자는 말이다.

# 강인한 체력에서 강인한 의지력이 나온다

대학 다닐 때부터 방송국 일을 하고 싶다던 친구가 있었다. 그 친구는 늘 방송작가가 되겠다고 말해 왔고 독한 놈이라는 소리를 들을 만큼 열심히 준비를 했다. 그리고 결국 공중파 방송에서 일을 하게 되었다.

자기가 원하던 일이었던 만큼 누구보다도 열심히 일했고 그만큼 보수도 괜찮았다고 한다. 어느 날 방송국 근처에 간 김에 이 친구를 만났다. 얼굴이 많이 상해 있었다. 이런 저런 이야기를 하다가 이 친구가 하는 말이 방송국 일을 더 못하겠다고 했다. 한 번도 희망직업이 바뀌지 않았던 친구가 느닷없이 그 일을 그만둔다는 것은 그야말로 충격이었다.

이유를 물어보았더니 건강이 나빠져서 도저히 더는 못 버티겠다는 것이다. 늘 촉박한 일정 때문에 밤새는 일이 많았고 그러다 보니 생활도 불규칙했다. 당연히 몸이 상할 수밖에 없었다. 그는 이미 지쳐 있었고 방송일에 넌더리를 내고 있었다. 정확히는 자신의 체력이 감당하지 못하는 한 방송일은 더 이상 매력적이지 않다는 것이다. 얼마 후 그는 그 일을 그만뒀고 지금은 다른 일을 하고 있다.

하고 싶은 의지는 있는데 체력이 따라 주지 않아서 포기하는 경우는 이 친구 외에도 많이 있다.

제 아무리 열심히 하려는 마음이 강해도 체력이 따라 주지 않으면 오랫동안 지속하기 힘들다. 가끔 신문에서 몸에 심각한 병을 안고도 의지력 하나로 놀라운 일을 이뤄낸 사람들을 소개하기도 한다. 그래서 의지력만 강하다면 체력이나 건강은 전혀 문제가 되지 않는다고 생각할지도 모른다.

하지만 분명히 알아야 할 게 있다. 그들이 신문에 나오는 건 그런 사례가 그만큼 희귀하기 때문이다. 심심찮게 일어나는 일이라면 굳이 신문에 소개될 이유가 없다. 약한 체력을 이길 만큼 강한 의지력을 가진 사람이 그만큼 적다는 뜻이다.

단기간의 목표라면 허약한 체력을 갖고도 할 수 있다. 한 순간 마음을 독하게 다지면 해낼 수 있을지도 모른다. 하지만 하루이틀 살고 말 것이 아니지 않는가. 당신의 신대륙이 하루이틀 바짝 노력하면 이룰 수 있는 하찮은 것은 아니지 않는가.

지금부터라도 운동을 시작하라. 운동선수처럼 튼튼할 필요는 없다. 다만 건강하면 된다. 매일매일 조금씩 하는 운동이 의지력의 밑바탕이 될 것이다. 그리고 그렇게 축적된 체력과 의지력을 긴요하게 써먹을 때가 올 것이다. 필요하기 전에 준비해야 한다. 그래야 그것이 필요할 때 써먹을 수 있다. 기회가 왔을 때 잠시만 기다려 주면 갖추겠다고 아무리 말해도 어느 누구도 기다려 주지 않는다. 심지어 당신 자신의 의지력도 당신을 기다려 주지 않을 것이다.

방송작가가 꿈이었던 친구가 자신의 꿈을 버릴 수밖에 없었던 것처럼 당신도 중요한 순간에 허약한 체력 때문에 좌절할 수도 있다.

의지력은 머리에서만 나오는 것은 아니다. 그것은 온몸에서 분출되는 에너지다. 허약한 체력에서 불같은 의지력이 나오기란 어려운 일이다.

# 사용하지 않으면 의지력도 퇴화된다

7년 동안 혼수상태로 있다가 가족의 복수를 한다는 내용의 영화가 있다. 웬만해선 악당에게 한 대도 맞지 않는 스티븐 시걸이 주연한 영화로 '복수무정' 혹은 '7년 만의 복수'라고 소개된 그렇고 그런 액션물이었다. 이 영화에서 황당한 장면이 나온다. 7년 동안이나 침대에 누워만 있었던 주인공이 어느 날 의식을 되찾고는 곧바로 일어나서 걸어 다니는 것이다.

근육뿐만 아니라 신체의 모든 기능은 쓰지 않으면 퇴화되기 마련이다. 아마 7년 동안 다리 근육을 쓰지 않았다면 아주 오랫동안 물리치료를 받아야 할 것이다. 그런데도 놀라운 체력으로 악당들을 처단하고 다니는 것은 아무리 영화라지만 너무 한다는 생각이 들었다.

근육과 마찬가지로 의지력도 사용하지 않고 단련하지 않으면 퇴화되어서 약해진다. 제대로 사용하지 않은 기간이 길수록 '의지력의 물리치료' 기간도 길어진다. 혹시, 당신의 의지력은 병원 침대에 누워서 잠만 자고 있지는 않은가.

우리가 놀면 놀수록 더 게을러지는 것처럼 의지력도 쉬면 쉴수록 나태해진다. 그렇게 되면 당신은 게으름뱅이 의지력을 갖게 될 것이고 어떤 중요한 일도 하지 못할 것이다.

의지력이 쉴 틈을 주지 마라. 당신이 쉬고 있을 때도 의지력은 계속해서 일을 하도록 해야 한다. 꼼꼼하게 계획을 세우고 바쁘게 움직여라. 바쁜 사람에게는 무기력이 찾아올 틈이 없다.

바쁘게 움직이면 몸도 가뿐하고 정신도 상쾌하다.

여기서 바쁘게 움직인다는 것이 시간에 쫓겨 산다는 의미는 절대로 아니다. 시간에 쫓기는 사람은 일이 중심에 있고 자신은 주변에서 끌려 다니지만 바쁘게 움직이는 사람은 중심에 서서 스스로 일정을 관리한다. 스스로 만든, 자발적인 바쁨이어야 하고 거기서 힘을 얻는 일정이어야 한다.

여기서 주목해야 할 것은 의지력도 사용하지 않으면 퇴화된다는 사실 자체가 아니라 우리가 뭔가를 시작할 때 이 사실을 염두에 두어야 한다는 것이다.

만약 당신이 오랫동안 스스로 목표를 설정하고 그것을 이루기 위해 노력하지 않았다면 당신의 의지력은 많이 약해져 있을 것이다. 그런 상태에서 뭔가를 급하게 하려고 하면 쉽게 지치고 결국 포기하게 된다. 장기간 의지력을 사용하지 않다가 이제야 의지력을 움직이려고 한다면 이 점을 감안해야 한다. 그동안 의지력을 방치했던 대가를 치러야 한다. 이것은 지극히 공평한 것이다.

문제는 약해져 있는 당신의 의지력을 충분히 배려해 주고 물리치료를 하듯이 천천히 의지력의 근육을 풀어줘야 한다는 것이다. 침대에 누워 있던 의지력에게 갑자기 뛰라고 하면 쓰러질 일만 남아있을 뿐이다.

## 하고 싶은 일을 계속 유지하는 방법

의지력은 하고 싶은 일을 할 때 나온다. 하지만 하고 싶은 일을 하지 못하고 사는 사람들이 그렇지 않은 사람보다 훨씬 많은 것 같다. 많은 직장인들이 퇴근 후에야 진정한 자신의 활동이 시작된다고 생각한다고 한다. 즉, 회사에서 자아실현을 하고 있지 못하다는 뜻이다. 그러니 무슨 일을 해도 의지력이 나오지 않고 업무를 대할 때도 수동적이 될 수밖에 없다. 수동적인 태도에서 의지력은 결코 나오지 않는다.

코미디언 조지 번즈는 "나는 내가 좋아하지 않는 분야에서 성공하는 것보다 내가 좋아하는 분야에서 실패하는 쪽을 선택하겠다."고 말했다.

대단히 매력적인 말이지만 무모한 선택인 것처럼 보이기도 한다. 그래서인지 이 명언을 실천하는, 혹은 동의하는 사람은 드문 것 같다. 스스로 철이 들었다고 자부하는 사람들 중에는 직업은 그저 먹고 살기 위한 것이라고 자신 있게 말하는 사람들이 많다. 물론 그렇게 살아도 불행하지 않다면, 그리고 스스로 그렇게 살기로 결정했다면 말릴 수 없는 일이다. 그 사람이 얼마나 행복에 가까운 삶을 살고 있는지는 의문이 남지만 말이다.

사실 좋아하는 일을 계속 유지하기란 쉬운 일이 아니다. 흔히 하는 말로 자신이 정말 좋아하는 일은 취미로 남겨 두는 게 좋다는 말을 하기도 한다. 아무리 좋아하는 일이라도 직업이 되면 하기 싫은 일이 되어 버린다는 것이 그 이유다. 상당수 사람들이 이런 현상을 겪고 있기도 하다.

그렇다면 하고 싶은 일을 해야 의지력이 나온다는 말은 그저 말뿐인 허무한 명제에 불과한 것인가. 위에서 나는 신의 계시는 없다는 말을 했다. 그런데 계시조차도 순간적인 욕망이나 호기심 때문에 지키지 않는 것이 인간의 속성이다. 스스로의 끌림에 의해 결정한 것이라고 해도 평생 지켜 가기란 쉬운 일이 아니다.

좋아하는 일도 마찬가지다. 단순히 좋아해서만 되는 것도 아니다. 그 의미를 생각해야 한다. 지금 내가 하고 있는 일이 어떤 의미인지, 나에게 어떤 도움이 되는지 나아가 세상에 어떤 도움이 되는지 지속적으로 생각해야 한다. 그래야 처음 가졌던 생각이 퇴색되지 않고 또 다른, 좀 더 깊은 의미를 발전하게 되는 것이다.

사람 마음만큼 간사한 것도 없다. 불과 몇 분 만에 후회할 일을 저지르는 것도 사람의 어리석은 마음이다. 화장실 갈 때와 올 때 마음이 다르다는 속담이 왜 있겠는가.

하고 싶은 일은 단순히 '하고 싶은'에 머물지 않고 '해야 하는' 일로 그 의미의 폭을 넓혀야 한다. 세상에 꼭 필요한 가치 있는 일을 한다는 자부심이 필요하다. 그리고 그 가치의 의미와 자부심의 강도는 점점 더 깊이를 더해가야 한다.

조지 번즈는 말은 이렇게 생각해 볼 수 있지 않을까.

하기 싫은 일은 아무리 그 분야에서 성공하더라도-하기 싫은 일을 하면서 성공할 리도 없지만- 그 자체로 실패라는 뜻이 아니었을까. 그리고 비록 실패하는 쪽을 선택하겠다고 했지만 자신이 하고 싶은 일을 하는 것 자체가 성공이고, 그렇게 하는 일에서 실패할 리가 없다고 생각한 것이 아닐까.

즐거운 일을 할 때는 인생이 짧지만 하기 싫은 일을 할 때 인생은 길고 지루하다. 그렇게 사는 건 결코 행복에 가까운 일은 아닌 것 같다.

진짜 하고 싶은 일을 할 때 끝없이 솟아오르는 의지력을 느낄 수 있을 것이다.

## 관성의 법칙

움직이지 않고 그 자리에 머물러 있는 물체는 계속 그 자리에 있으려고 한다. 반대로 움직이는 물체는 계속해서 그 방향으로 움직이려고 한다. 다들 알고 있다시피 관성의 법칙이다.

우리의 의지력도 마찬가지로 관성의 법칙에 지배를 받는다. 일단 어떤 목표를 향해 의지력이 움직이기 시작하면 의지력은 계속해서 움직이려고 한다.

의지력을 열차라고 생각해 보자. 열차의 동체와 엔진은 의지력이다. 철로는 우리의 미래를 바라보는 전망이다. 그 열차에 무엇을 실을 것인지, 철로를 어디로 놓을 것인가는 오로지 당신만이 결정할 수 있다.

처음 열차를 출발시킬 때는 많은 에너지가 들고 쉽사리 움직이지도 않는다. 그러나 일단 가속도가 붙기 시작하면 처음 움직일 때 에너지보다 적은 양으로 더 빨리 달릴 수 있다. 그리고 일단 달리기 시작하면 쉽사리 멈추지 않는다.

전진하는 것에만 관성의 법칙이 적용되는 것은 아니다. 후진을 할 때도, 추락을 할 때도 관성의 법칙은 엄격하게 작용한다. 당신이 미래를 보지 않고 과거의 잘못을 후회하고 있거나 지나간 성취에 빠져 있다면 이 열차는 후진을 하고 있는 것이다. 다른 사람의 비난을 미리 차단하기 위해 자기비하에만 열중하고 있다면 열차는 지금 절벽으로 곤두박질치고 있는 중이다.

어떤 사람이 아직 젊은가, 아니면 늙었는가를 판별하는 하나의 기준이 있다. 하루 중 미래를 생각하는 시간이 많으면 아직 젊은 것이고 과거를 돌아보는 시간이 많으면 늙었다는 증거라고 한다. 열차는 전진해야 한다. 뒤를 돌아보는 행동은 전진하려는 열차의 꽁무니에 커다란 짐짝을 달아 놓는 것과 마찬가지다. 또 자기비하는 열차의 쇠바퀴를 녹슬게 한다.

우리는 열차가 좀 더 힘차게 달리기 위해 필요한 에너지원을 만들어 내고 공급해야 한다. 그리고 열차가 안전하게 달릴 수 있도록 계속해서 미래의 레일을 점검하고 더 멀리까지 레일을 놓아야 한다. 짧은 레일을 달리는 열차, 끝이 보이는 레일 위에서 힘차게 달릴 열차는 없다.

고교 시절 열심히 공부하던 학생이 대학에 가서 심하게 방황하거나 방탕해지는 것도 장기적인 계획이 없었기 때문이다. 오직 대학 자체가 목적이었기 때문에 목적을 이룬 다음에는 당연히 방황할 수밖에 없는 것이다. 입사나 공무원이 되는 것도 마찬가지다. 그 회사에서 내가 어떤 일을 해서 나중에 어떻게 되겠다는 계획이 없으면 들어가서 방황하게 된다. 공무원이 되려는 사람이 공무원의 역할이나 자신에게 공무원이 어떤 의미인지 진지하게 고민해 보지 않고 오로지 시험합격에만 목을 매고 있다가 정작 공무원이 되고 난 후에는 그저 편하게 지낼 생각만 한다. 목적을 이룬 삶은 더 이상 의미가 없다. 우리의 목적은 언제나 진행형이어야 하며 목적을 마감하려는 때는 죽음을 눈에 둔 때일 뿐이다.

계획을 세울 때 단기적이고 세밀한 계획도 필요하지만 궁극적으로는 긴 안목의 장기적인 계획이 필요하다. 그래야 눈앞의 편안함이나 당연히 거쳐야 할 난관을 피하고 싶은 마음을 극복할 수 있다.

부실한 레일을 달리는 열차는 전복될 것이고 레일 없이 달리는 열차 역시 전복되고 말 것이다. 그리고 짧은 레일을 달리는 열차는 그 끝이 두려워 멈추어 버리거나 열심히 달렸다고 하더라도 레일이 끝나는 지점에서 긴 방황을 하고 말 것이다.

# 파리 한 마리가 얼룩말을 죽인다

오래전 TV에서 본 충격적인 장면을 잊을 수 없다. 얼룩말 한 마리가 빙빙 돌고 있는 장면이었다. 넓은 원을 그리면서 돌고 있는 게 아니라 마치 자기 꼬리를 물려는 것처럼 제자리에서 빙빙 돌고 있었다. 신기해서 채널을 고정했는데 곧 해설자가 그 이유를 설명해 주었다.

원인은 파리였다. 무슨 초파리 종류였던 것으로 기억하는데 이 조그만 곤충이 얼룩말의 귓속에 알을 낳아버린 것이다. 얼마 지나지 않아 알에서 구더기가 나왔고 이놈들이 얼룩말의 귓속 깊숙이 들어갔다. 알다시피 귀에는 몸의 균형을 담당하는 기관이 있다. 구더기들이 이 기관을 상하게 해서 얼룩말이 제자리에서 빙빙 돌고 있었던 것이다.

얼룩말은 밤에도 잠들지 못하고 계속 맴돌다가 결국에는 죽고 말았다.

얼룩말에 비하면 초파리는 정말 작고 사소하다. 그런데도 얼룩말이 잠시 방심한 틈을 타 귓속에다 알을 낳았고 결국에는 얼룩말을 죽게 했다.

우리의 의지력도 얼룩말과 크게 다르지 않다. 어떤 일에 열정적으로 매달릴 때 우리의 의지력은 강력하다. 얼핏 보기에는 어떤 시련이 있어도 꺾이지 않을 것처럼 보인다. 그러나 한순간의 방심으로 일거에 무너질 수도 있다. 자기와의 타협, 자기합리화, 계획불이행, 게으름 등에 촉각을 곤두세우고 방비책을 세우지 않는다면 짧은 시간이라도 구더기처럼 의지력의 주요 기관을 먹어 버릴지도 모른다.

우리의 내면에는 수많은 초파리가 떼 지어 날아다니고 있다. 내면뿐만 아니라 바깥에 있는 초파리도 끊임없이 귓가를 맴돌며 기회를 노리고 있다. 그것은 어쩔 수 없는 일이다. 왜 초파리가 이렇게 많은가라고 불평하는 것은 그들에게 틈을 보여주는 것과 같다. 늘 이야기했듯이 당연한 것은 당연한 것으로 받아들여야 한다.

대다수 사람들의 의지력은 태어날 때부터 그렇게 강하지 않게 태어났으므로 내면에 초파리가 많은 것은 당연한 일이다. 다른 사람들이, 혹은 사회 구조가 내가 하는 일에 적극 협조해 주는 것도 가능하지 않은 일이므로 외부의 초파리가 많은 것 역시 어쩔 수 없는 일이다.

중요한 것은 대책을 세우는 일이다. 그 어떤 마음의 살충제로도 초파리를 없앨 수는 없다. TV나 인터넷도 일을 할 때는 초파리지만 정보를 취득해야 할 때는 중요한 도구이다. 아예 없앨 수는 없는 일이다. 초파리를 모조리 없애고 뭔가를 시작하겠다고 생각해서는 안 된다.

우리가 할 수 있는 일은, 그리고 해야 할 일은 초파리들을 경계하는 일일 뿐이다. 초파리를 경계하라. 사소한 부주의, 사소한 마음의 빈틈이 우리의 의지력을 죽게 만들 수도 있다.

## 수동적 태도

　　　　　　　　　로또에서 1등에 걸릴 확률은 814만 분의 1이라고 한다. 벼락을 맞을 확률은 50만 분의 1이라고 한다. 그렇다면 강한 의지력과 수동적 태도가 같이 있을 확률은 얼마나 될까?

　수치로 환산할 수는 없지만 불가능하다고 보는 편이 낫다. 수동적 태도와 함께 소극적 태도도 마찬가지다. 의지력을 강물을 거슬러 올라가는 연어에 비유한다면 수동적 태도나 소극적 태도는 강물에 떠내려가는 종이배쯤에 비교할 수 있겠다. 띄워 본 사람들은 다 알겠지만 종이배는 물이 스며들기 때문에 얼마 못 가 침몰하고 만다.

의지력과 수동적 태도는 정반대의 위치에 자리하고 있다. 수동적이라는 말의 사전적 뜻이 '다른 것으로부터 작용을 받아 움직이는 것'인데 의지는 스스로 뭔가를 하려는 마음이기 때문이다.

수동적 태도와 소극적 태도를 합쳐서 '몹쓸 태도'라고 부르자. 정말 몹쓸 태도이므로, 우리의 인생을 종이배처럼 침몰하게 만드는 태도이므로 그렇게 불러도 별 문제는 없을 것이다.

몹쓸 태도를 갖고 있는 사람들의 공통점은 세상만사를 삐딱하게 본다. 세상을 비판적으로 본다는 뜻이 아니다. 잘못된 것을 잘못된 것으로 보고 비판하는 것이야 말로 가장 올바른 자세다. 오히려 좋은 게 좋다는 식으로 잘못된 것을 그냥 보고 넘기는 것이 더 큰 문제다.

몹쓸 태도는 모든 일을 비아냥거림으로 대한다. 당신 주위에 이런 사람이 있다면 그 태도를 고쳐 주든지, 아니면 관계를 끊어야 한다. 관계를 끊을 수 없다면 그의 말은 항상 냉정하게 걸러서 들어야 한다. 비아냥거림은 전염성이 강하기 때문이다.

몹쓸 태도를 갖고 있는 사람들 중에서도 비아냥거리지 않는 사람도 있는데 그들은 늘 자기비하에 시달리고 있다.

비아냥거림은 자기합리화의 한 종류다. 다음과 같은 과정을 거친다.

'나는 늘 소극적이고 수동적이다. 그런데 이런 태도가 좋지 않은 삶의 태도라는 것은 알고 있다. 그렇다면 나는 못난 놈인가? 아니다. 세상이 그렇게 때문이다. 세상이 그렇게 진지하게 볼 만큼 가치 있는 것이 아니기 때문에 나는 이런 태도를 갖게 된 것이다.'

이 과정에서 세상을 핑계 대지 않는 사람들은 자기비하에 빠지게 되는 것이다.

몹쓸 태도를 갖고 있으면 모든 일이 재미가 없다. 일을 해도 끝날 시간만 기다리게 되고, 늘 요리조리 피하면서 요령만 부린다. 그래도 저녁이면 다른 사람들보다 더 피곤하다. 이런 상황에서 의지력이 나올 수 없다. 아니, 의지 자체가 없기 때문에 의지력이 필요 없는 사람이다.

스스로 몹쓸 태도를 갖고 있다고 판단한다면 당신은 자기 비하에 빠져 있을 가능성이 높다. 이런 태도를 버리지 않는 한 의지력은 절대로 강해지지 않는다.

몹쓸 태도를 버리려면 실패를 두려워하지 말고 어떤 일이건 해결하고야 말겠다는 각오로 임해야 한다. 수동적 태도는 실패를 피하고 싶은, 위험을 피하고 싶은 마음에서 생기는 경우가 많다. 그저 남들 하는 대로 따라 하려는 것, 안전의 증거를 많은 사람들이 그렇게 하고 있다는 것에서 찾으려는 마음이 수동적 태도를 낳을 수 있다.

그러나 인생 자체가 항상 위험에 노출되어 있다는 것을 알아야 한다. 어떤 목표에 모든 것을 걸었다가 실패하면 어떡하나 하는 걱정은 누구나 한다. 물론 실패할 가능성은 항상 있다. 그러나 모든 것을 걸지 않는다면 반드시 실패하게 되어 있다. 어느 정도 위험은 감수해야 한다. 어떤 위험에도 노출되지 않겠다는 생각이 가장 위험한 것이다.

# 의지력은 긍정적인 에너지다

긍정은 긍정을 부르고 부정은 부정을 부른다. 다들 경험했다시피 한 번 불길한 생각이 들면 그 불안은 점점 자라서 좀처럼 떨쳐 버릴 수 없다.

의지력은 긍정적인 에너지다. 긍정적인 에너지에는 긍정적인 영양소를 공급해 줘야 한다. 부정적인 생각은 한창 자라고 있는 의지력의 나무에 제초제를 뿌리는 것과 마찬가지다.

# 의지력은 확신을 먹고 자란다

 직업의 특성상 사람을 자주 만나던 때의 일이다. 사람을 만나러 갈 때는 약속시간보다 약 30분 정도 일찍 도착할 수 있도록 시간 배정을 해서 다녔다. 거의 모든 장소가 처음 가보는 장소였기 때문에 넉넉한 시간 배정은 필수였다. 그런데 그날은 갑자기 처리해야 할 일이 생기는 바람에 평소보다 약간 늦게 출발했다.

어떤 단체의 회장을 그의 사무실에서 만나기로 했는데 사무실도 외곽에 있었고 건물도 작아서 찾기가 쉽지 않았다. 그의 사무실 직원이 설명해 준 대로 가고 있다고 생각했지만 아무래도 불안했다. 그래서 지나가는 사람에게 물었더니 이쪽이 아니라 반대쪽이란다. 전화를 해서 물어보면 되겠지만 그건 최후의 수단이다. 상대에게 길을 찾지 못해 허둥거리는 모습을 보여 주는 것도 내키지 않았고 지금 전화해서 다시 못 찾게 될 경우 두 번의 전화를 해야 한다. 만나기 전에 벌써 약점을 잡히는 것이다.

지나가는 사람이 가르쳐 준 대로 다시 거꾸로 갔다. 그런데 아무리 가도 이 길이 아니라는 생각이 자꾸 드는 것이었다. 다시 지나가는 사람을 붙들고 물어봤더니 처음 내가 가는 길이 맞다는 것이었다. 물론 그 사이에 모르겠다는 사람도 몇 명 만났다. 누구 말을 믿어야 할지 헷갈렸다. 결국 마지막으로 근처 부동산에 물어 봤더니 자세한 길을 알려줬다. 처음에 내가 가던 길이 맞았다. 약간 늦게 도착하긴 했지만 다행이 일은 무사히 마칠 수 있었다.

회사로 돌아오는 길에 나는 내가 왜 그렇게 빙빙 돌았는지 생각했다. 처음 가는 길이었고 잘못된 정보원을 만난 것이었다. 그리고 그 원인은 출발하기 전에 약속 장소에 대한 정보를

철저하게 파악하지 못했기 때문이었다.

이렇게 구체적인 목적지에 갈 때도 우리는 헤매기 일쑤다. 어떤 때는 100미터만 더 걸어가면 되는데 '이 길이 아닌가?' 하는 불안 때문에 다시 돌아가고 또 가다가 다시 왔던 길을 돌아가는 '갈팡질팡'으로 시간을 보내기도 한다.

의지력은 확실한 것을 좋아한다. 의지력은 확실한 것을 먹고 더 튼튼해진다. 그러나 미래가 확실한 것은 어디에도 없다. 그저 가능성의 정도로만 말할 수 있을 뿐이다. 더구나 자신이 가고자 하는 미래에 대해서 어느 정도 불안하지 않은 사람은 없다. 정해지지 않은 것이 미래의 매력이기도 하지만 그 불확실함이 주는 불안 또한 미래의 한 모습이다.

어떻게 해야 할까? 어떻게 의지력에게 '확실'이라는 양분을 줄 수 있을까? 안타깝게도 우리는 '확실'이라는 것을 어디에서도 얻을 수 없다. 그렇다고 이대로 포기할 순 없지 않은가?

자신의 미래를 정하고 맹렬하게 집중하는 사람들은 어떻게 그럴 수 있을까? 그것은 '확신'이다. 말장난이 아니다. '확실'과 '확신'은 엄연히 다르다. 미래에 대해 확실하다는 말을 자주 하는 사람은 사기꾼이거나 허풍쟁이일 확률이 높다. 그러나 미래에 대해 '확신'을 말하는 사람은 신념이 있는 사람이다.

자신의 목적에 대해 충분히 조사하고 깊게 생각한 사람은 '확신'을 가질 수 있다. 만약 내가 그날 만나러 가기 전에 그 주변의 약도를 한 장 출력해서 갔다면 나는 누구에게 물어볼 필요도 없었고 누군가 잘못된 길을 알려 줘도 제대로 갈 수 있었다. 또는 처음부터 '부동산'처럼 확실한 정보원을 찾아 갔어야 했다. 우리는 각자 자기만의 '부동산'을 찾아야 한다.

우리는 주변 환경에 끊임없이 흔들린다. 그리고 자기 내부에서도 끝없는 불안들이 생겨난다. 이런 것들을 이기고 자신의 의지력을 지키기 위해서는 흔들리지 않는 '확신'이 필요하다. 하지만 그 확신은 콘크리트처럼 단단하기만 한 것이어서는 곤란하다. 그것은 우리가 상상하는 의지력의 나무처럼 24시간 동안 양분을 빨아들이고 에너지를 생산하는 것이어야 한다.

## 자신의 결정을 믿어라

어떤 행사에서 만나 의례적으로 명함을 건네고 몇 마디 말밖에 나누지 않은 사람이 전화를 걸어 왔다고 하자. 그러고는 대뜸 돈을 좀 빌려 달라고 한다. 당신에게 충분한 여윳돈이 있다면 돈을 빌려 줄 것인가?

죽마고우가 있다. 자주 연락을 하는 것은 아니지만 언제나 서로를 생각하면 든든하고 편안한 느낌이 드는 친구다. 그 친구가 찾아와서 급하게 돈이 필요하니 빌려 달라고 한다. 언제 갚는다는 말은 못하지만 형편이 되는 대로 돌려주겠다고 한다. 당신은 친구에게 돈을 빌려 줄 것인가?

전자의 경우 성인군자거나 이상한 사람이 아니면 돈을 빌려주지 않을 것이다. 하지만 죽마고우에게는 형편이 닿는 대로 돈을 빌려 줄 것이다. 왜냐하면 당신은 그 친구가 신의를 저버리는 일을 하지 않을 거라는 걸 믿고 있기 때문이다. 거의 절대적인 이 믿음은 당신이 친구를 아주 잘 알고 있기 때문에 가능한 일이다.

이 이야기를 하는 것은 목표에 대한 신념에 대해 말하기 위해서다.

우리는 목표를 정하고 그것을 이루기 위해 노력한다. 공부든 일이든 열심히 한다. 그러다가 문득, 이게 과연 맞는 길일까? 하는 생각이 들 때가 있다.

이를테면 당신은 회사에서 상당히 인정받고 있다. 그런데 회사에서 누구나 꺼리는 현장으로 가고 싶다는 생각이 든다. 보수는 지금과 별 차이 없는데 일은 훨씬 힘들고 늦게 끝난다. 유능한 당신이 그곳으로 가고 싶다는 뜻을 동료들에게 말하면 동료들은 말릴 것이다. 굳이 힘든 일을 할 이유가 뭐냐고 물을 것이다. 여기 있다가 승진의 기회를 노리는 게 훨씬 낫다고 말할 것이다. 그럼, 당신은 벌써 흔들리기 시작한다. 비록 현장에 가면 더 많은 것을 배울 수 있다는 생각에 지원했지만 동료들의 이야기를 듣고 보니 꼭 그런 것만은 아닌 것 같다. 그래서 당신은 그 일을 포기하고 만다.

어떤 문제가 있었을까? 당신에게는 충분한 자료가 없었다. 충분한 자료가 없으니 확신도 없다. 그리고 그것이 미래에 어떻게 작용할지에 대한 생각도 없다. 그러니 흔들릴 수밖에 없다. 만약 당신에게 이런 목적이 있다면 상황은 다를 것이다.

'나는 지금 내 동료들이 생각하는 것보다 훨씬 더 높은 꿈을 갖고 있다. 말단 사원으로 들어왔지만 나는 이 회사의 전문 경영자가 되는 것이 꿈이다. 그러기 위해선 현장 실무가 필수적이다. 현장 실무는 나중에 경영전략을 짜고 현장의 사람들을 움직이게 하는 데 도움이 될 것이다. 그러므로 나는 현장에 가야한다.'

이쯤 되면 당신은 주변의 말에도 흔들리지 않을 것이다.

자신의 결정을 믿는 것은 중요하다. 그러나 그 결정이 흔들린다는 것은 판단할 당시 충분한 자료 조사가 없었다는 말이다. 자기 결정에 대해 당신 스스로 누구보다 잘 알고 있어야 한다. 그래야 중도에 흔들지 않을 수 있다.

목표에 대한 신념은 그냥 생기지 않는다. 신념은 갖겠다고 억지를 부려서 되는 일이 아니다. 자신의 목표를 죽마고우처럼 '아주 잘 알고' 있으면 저절로 생기는 것이 바로 신념이다.

## 나 같은 놈이 무슨 큰일을 하겠어

　　　　　　　　　　오래 전 금연에 관한 드라마를 본 적이 있다. 한 노인이 친구의 장례식에 다녀왔다. 그 친구가 죽은 직접적인 원인이 바로 담배였다. 이 노인 또한 '골초'였는데 친구의 죽음을 보고 금연의 필요성을 절실하게 느끼게 되었다. 그래서 바로 담배를 끊었는데 문제는 아들이었다. 노인의 아들도 이미 40대 초반쯤 되었고 한 가정의 가장이었다. 그런데 담배를 끊으라는 노인의 말에 아들은 이렇게 말한다.

　'에이, 전 안 돼요.'

　이 아들은 수차례 금연을 시도했으나 결국 실패하고 만 경험을 갖고 있었다. 그래서 스스로 '나는 금연을 할 수 없다.'라고 결론을 내리고 있었던 것이다. 결말이 궁금한 독자들을 위해 잠시 드라마의 끝을 이야기하고 본론으로 들어가 보자.

아들은 담배를 끊었다. 어떻게 끊었냐하면 그 노인이 아들을 협박했기 때문이다. 조금은 억지스러운 장면이긴 했지만 망치로 자신의 손을 내리치려고 했던 것이다. 아들은 아버지의 손과 담배 중 하나를 선택해야만 하는 절박한 상황에 놓였고 결국 아버지의 손을 선택했다.

다른 일은 어땠는지 모르겠지만 이 아들은 담배에 대해서만은 '자기비하'를 하고 있었다.

'담배가 해로운 것은 안다. 하지만 나는 의지력이 약해서 담배를 끊을 수 없다. 시도해보지 않은 것은 아니다. 그런데 실패했다. 그러니 나를 비난하지 마라.'

아들의 심리는 이렇게 표현될 수 있다. 그런데 그 아들은 담배를 끊었다. 결국 강한 계기가 필요했을 뿐 자신 속에는 담배를 끊을 수 있는 의지력이 있었던 것이다.

우리는 더러 친구들끼리 만나서 '자기비하 게임'을 하곤

한다.

"학창시절에 공부를 하려고 했는데 잘 안되더라."

"너도 그러냐, 나도 그렇다."

"그 직장에서 좀 더 버텼어야 했는데 내 능력 밖이었다."

"맞다. 정말 버티기 힘든 직장도 있다. 나도 그랬다."

"영어공부를 좀 하려고 하는데 책만 사다놓고 아직 한 번도 못했다. 나는 의지력이 정말 약한 것 같다."

"누군 안 그런가, 사실 직장생활하면서 공부하기란 정말 어려운 일이다."

이렇게 서로 자기비하를 하면서 안도감을 찾는다. 자기비하는 자신이 스스로를 비난함으로써 타인의 비난을 차단하기 위한 것이다. 자기비하를 하는 사람은 마음속으로는 이렇게 말하고 있다.

'나도 내가 못난 것 알고 있으니까 굳이 당신이 그걸 알려주지 않아도 돼.'

잦은 실패를 하다 보면 누구나 어느 정도 자기비하를 하게 된다. 그러나 그것이 반성이 아니라 그저 자신의 실패를 정당

화하기 위한 것이라면 스스로 불행으로 가는 고속철을 탄 것이나 마찬가지다.

의지력을 꺾는 핑계 중에 가장 초라하고 비참한 것이 바로 자기비하이다. 자기비하는 자기합리화의 또 다른 모습이다. 어쨌든 자기비하를 하는 사람은 심리적인 갈등은 없다. 그러나 그는 결코 행복할 수 없다. 스스로 자신을 '못난 놈'이라고 생각하는 사람이 어떻게 행복할 수 있겠는가?

# 당신은 완벽하지 않아

〈뻐꾸기 둥지 위로 날아간 새〉라는 오래된 영화가 있다. 아직까지 왕성한 활동을 하고 있는 잭 니콜슨이 젊었을 때 찍은 영화다. 배경은 정신병원인데 '뻐꾸기'가 정신병자를 뜻하는 말이라고 한다. 잭 니콜슨은 교도소행을 피하기 위해 미친 척을 하고 정신병원으로 들어간다.

자세한 내용은 직접 영화를 보시면 될 것이다. 좋은 영화이니 꼭 보시기 바란다.

병원에 간 잭 니콜슨은 정신병자들과 내기를 한다. 화장실에 있는 좌변기를 드는 것이었다. 물론 아무도 그가 콘크리트에 박혀 있는 좌변기를 뜯어내 들어 올릴 수 있을 것이라고 생각하지 않았다. 이 내기는 정신병원의 체제에 억눌려 있는 사람들을 깨우치기 위한 노력 중에 나온 행동이었다. 한참 동안 변기를 붙들고 온 힘을 써 보던 그는 포기하고 일어선다. 지켜보고 있던 정신병자들은 내기에 이겼다며 좋아한다.

"거봐, 어떻게 변기를 들 수 있겠어."

그러자 잭 니콜슨은 이렇게 말한다.

"나는 적어도 시도는 해봤다."

당신은 시도도 해 보지 않고 그냥 멀뚱멀뚱 서서 누군가의 성공을 모른 체하거나 누군가의 실패에 만족하면서 시간을 허비하고 있지는 않는가.

실패하면 어쩌지? 실수라도 하면? 망신만 당하는 건 아닐까? 하는 어리석은 불안은 당신의 의지력을 좀먹게 한다. 이런 걱정들이 당신을 수동적인 사람, 소극적인 사람으로 만든다.

인류사에서 누구나 불가능하다고 여겼던 것을 시도함으로써 대단한 업적을 이뤄낸 사람들이 많다. 그들은 자신의 생각을 믿었고 그것을 행동으로 옮겼다. 더욱 중요한 것은 실패보다는 성공을 먼저 떠올렸으며 실패를 두려워하지 않았다는 것이다.

당신은 스스로 완벽하다고 생각하는가? 완벽한 사람은 세상에 없다. 완벽하지 않기 때문에 사람이고 사람이라서 실수도 하고 실패도 한다. '실패는 성공의 어머니' 라는 말이 그냥 나온 말이 아니다.

에디슨이 전구를 만들기 위해 1,200번의 실패를 하고 난 뒤에 '나는 1,200번 실패한 것이 아니라 전구를 만들 수 없는 1,200가지 방법을 발견한 것이다' 라고 한 말에 주목해야 한다.

실패를 바탕으로 성공하는 사람과 실패에서 주저앉는 사람의 차이는 원인의 분석 여부이다. '실패했다. 괴롭다.' 가 아니라 '왜 실패했을까?' 라며 원인을 찾는 것이 올바른 길이다. 당신의 실패를 비난하는 사람들의 말에 귀 기울일 필요는 없다. 그들은 자신은 시도하지 않으면서 남들의 실패를 비난하기에 바쁜 사람들이다. 불쌍한 사람들이니 가엾게 여겨주라. 그들은 스스로를 시도조차 하지 못하는 바보라고 여기기 때문에 남을 비난함으로써 자기위안을 삼으려는 사람들이다. 얼마나 불쌍

한 인간들인가.

　불안과 걱정은 의지력에게 사형선고를 내리는 것과 같다. 미리 주눅 들 필요는 전혀 없다. 긍정적으로 생각을 하려고 해도 자꾸 부정적인 생각이 떠오르는 것은 실패에 대한 처벌이 두렵기 때문이다. 그건 당신 혼자만의 문제가 아니다. 우리 사회가 사람을 북돋아 주기보다는 깎아 내리는 문화를 갖고 있기 때문이다. 더구나 어릴 때 부모에게 칭찬보다는 꾸중을 많이 들었거나 학생들의 허물 잡아내는 것을 교육이라고 착각하는 교사를 많이 만났다면 그런 현상은 더 심할 것이다. 충분히 이해가 가는 일이다.

　그렇다고 핑계만 대고 앉아 있으면 결국 자기 손해다. 당신이 꿈꾸는 어떤 일도 할 수 없을 것이 분명하다.

　잘 생각해 보면 수동적인 자세로 있다가 실패하는 것보다 적극적이고 능동적인 자세로 시도하다가 실패하는 것이 훨씬 유리하다. 아무리 회사에서 수동적인 자세로 일을 한다고 해도 어쨌든 일은 맡게 된다. 그런 상황에서 실패한다면 타격도 크고 회사에서 입지도 약해진다. 차라리 적극적으로 일을 맡는

편이 성공도 빠르고 일에서 재미도 느낄 수 있다.

적극적이고 능동적인 마음가짐은 의지력을 유지하기 위한 필수 영양분이다. 부족하면 당신의 의지력은 영양결핍증에 걸린다. 충분하다면 의지력은 튼튼하게 자라 든든하게 당신을 지켜 줄 것이다.

# 실패에 대한 두려움은 의지력을 약하게 만든다

고등학교 때 선생님들의 일정 때문에 수업시간이 변경되는 일이 있었다. 한 번은 같은 학년 여학생들과 체육 수업을 받게 되었다. 뜀틀이 그날의 수업 과제였다. 대체로 웬만한 높이의 뜀틀은 훌쩍훌쩍 뛰어 넘었다. 그런데 몇몇 여학생들이 힘차게 뜀틀을 향해 뛰어오다가 결정적인 순간에 그만 멈춰서 버리는 것이다. 체육 선생님이 몇 번의 기회를 다시 주었지만 결과는 마찬가지였다.

처음에는 별 생각 없이 지켜보던 나를 포함한 남학생들은 점점 짜증이 났다. 대부분의 남자들에게 뜀틀은 재미있는 놀이

기구였다. 몸이 높이 솟아오르는 게 여간 신나는 게 아니었다. 우리는 그 여학생의 실패 원인을 '내숭'이라고 결정했고 웅성거림으로 그 여학생들 비난했다.

 그 일이 있은 지 한참이 지나서야 진짜 원인을 들을 수 있었다. 어쩌다가 그날 뜀틀에서 계속 실패한 여학생과 친해지게 된 것이다. 화낼지도 몰라서 말하지 않고 있었는데 어느 날 그만 불쑥 질문을 던지고 말았다.

 그 친구의 대답은 간단했다. 그 이유는 '겁나서'였다. 뜀틀을 넘다가 잘못해서 앞으로 꼬꾸라질 것만 같더라는 것이다. 몇 번씩 용기를 내서 뛰어 보려고 했지만 번번이 머리가 매트에 꽂히는 모습이 떠올랐다고 한다.

 어쩌면 그 여학생은 현명한 선택을 한 것인지도 모른다. 실제로 머리가 매트에 꽂혔다면 크게 다쳤을지도 모를 일이다. 더구나 스스로 실패하는 영상을 떠올리고 있었기 때문에 그럴 가능성은 훨씬 높다. 사실 뜀틀 정도야 별 것 아니니 그것 하나 성공하지 못했다고 큰일 날 건 전혀 없다.

 문제는 인생의 뜀틀을 만났을 때다. 뜀틀은 장애물이기도 하지만 도약의 발판이기도 하다. 뛰어넘지 못하면 그것은 벽이지만 손을 짚고 뛰기만 하면 그것은 발전의 도구이다.

뜀틀의 요령을 기억하는가? 너무 세게 달리지 말고 적당한 속도로 달릴 것. 시선은 정면의 먼 곳을 볼 것.

너무 빨리 달리는 것은 실패할지도 모른다는 불안 때문이고, 시선이 아래로 향하는 것은 그 장애물에 집착하기 때문이다. 우리의 목표는 장애물이 아니다. 뜀틀이 아니다. 우리가 꿈꾸는 것은 뜀틀 너머에 있다. 그러므로 당연히 시선은 뜀틀 저 너머를 향하고 있어야 한다.

실패의 가능성은 항상 있다. 장애물이 우리가 판단했던 것보다 높을 수도 있고 손을 짚는 방법이 잘못됐을 수도 있다. 그 판단과 방법의 옳고 그름은 뛰어보기 전에는 알 수 없다. 우리는 뛰기 전에 충분히 뜀틀에 대해 조사도 하고 배우기도 해야 한다. 하지만 실제로 뛰어보기 전에는 그것에 대해 정확히 알 수 없다.

멋진 착지를 떠올리지 않고 꼬꾸라지는 것을 먼저 생각한다면 그 시절의 여학생처럼 우리는 멈칫거리기만 할 것이다. 물론 뜀틀을 넘지 않고 옆으로 돌아갈 수도 있다. 하지만 현실에서의 뜀틀은 학교의 그것처럼 돌아갈 수 있는 것이 아니다. 그것을 뛰어넘지 못하면 영원히 못가거나 다른 길로 가야 하는 것이다. 그 다른 길은 당신의 목적지로 가는 길이 아니다. 실패를 두려워하는 마음에 의지력이 있을 자리는 없다.

# 무엇을 상상하는가?

다이어트를 하기 위해, 뱃살을 빼기 위해 달리는 운동을 하기로 했다. 매일 30분은 달려야 효과를 볼 수 있다고 한다. 큰마음 먹고 운동을 시작했지만 10분도 되지 않아 지치기 시작한다. 숨이 가쁘고 심장이 터질 것 같다. 슬며시 그만두고 싶은 마음이 생긴다. 그러면 당신은 힘들어하는 자신을, 그만 두고 싶은 자신을 협박한다.

'여기서 그만두면 넌 영원히 뚱뚱녀로 살게 될 거야,'

'조금 힘들다고 그만두면 배불뚝이 아저씨로 살아야 해.'

이렇게 부정적인 이미지를 떠올리면서 자신을 채근한다.

의지력은 긍정적인 에너지다. 긍정적인 에너지는 똑같이 긍정적인 이미지를 만나야 힘을 발휘한다. 그런데 뚱뚱녀, 배불뚝이 아저씨의 이미지는 아무리 봐도 부정적이고 어두운 이미지다. 우선 자신을 협박하면 더 뛸 수 있을 거라고 생각하지만 그렇지 않다. 자신을 협박하면 또 다른 자신이 협박하는 자신에게 강한 반격을 시도한다.

 스스로에 대한 방어기제가 작동하면서 그 불쾌한 이미지를 변호하게 되는 것이다. 그러면 자연히 의지력도 약해지고 만다.

 먼저 해냈을 때를 생각하라.

 '내가 한 달을 뛰고, 두 달을 뛰고 났을 때 내 몸매는 날씬하고 탄력 있는 몸매가 될 것이다. 그럼 평소 입고 싶었지만 몸매 때문에 입지 못했던 예쁜 옷을 입을 수 있다. 그 옷을 입고 경쾌하게 거리를 걷고 지나가는 남자들이 나를 쳐다본다. 상상만 해도 기분이 좋아진다. 건강도 좋아질 것이다.'

 '내 발톱을 내가 깎을 수 있고, 더 이상 배 바지를 입지 않아도 된다. 해변에 가서도 당당하게 웃통을 벗을 수 있고 직장 동료들은 아랫배를 어떻게 집어넣었냐고, 그 멋진 근육질 몸의

비결이 뭐냐며 부러워한다.'

이렇게 목적에 도달했을 때의 긍정적인 이미지를 상상하면 할수록 의지력은 강해지고 덩달아 기분도 좋아진다.

긍정은 긍정을 부르고 부정은 부정을 부른다. 의지력은 긍정이며 실패에 대한 상상보다는 성공했을 때의 상상이 훨씬 더 도움이 된다.

굳이 기분 나쁜 상상을 할 필요가 없다. 스스로를 협박하지 마라. 생각만 해도 기분이 좋은 상상을 하라. 목표를 이뤘을 때 내가 얼마나 멋진 사람이 될지를 생각하라. 그것이 곧 의지력에게 지속적인 힘을 주는 비결이다.

# 최대한 멋진 오늘을 상상하라

바쁜 출근시간이지만 딱 3초만 시간을 내 보자. 아무리 바빠도 3초의 여유는 가질 수 있다.

먼저 세수를 하고 물이 뚝뚝 떨어지는 얼굴로 거울을 응시하라. 그냥 쳐다보지 말고 거울 속의 자신과 눈을 맞춰라. 거울 속에서는 멋지게 생긴 당신이 당신을 보고 있다. 거울 속의 멋진 당신에게 이렇게 말해 보라.

"자! 오늘도 우리 지상에서 가장 멋진 하루를 만들어 보자구."

이렇게 기합을 주는 순간 당신은 당신의 의지력과 당신의 미래를 만난다. 당신은 오늘의 계획이 있고 목적이 있다. 먼 미래의 목적을 이루기 위한 오늘치의 계획이 있다. 그 계획을 모두 실행에 옮기는 것이 가장 멋진 오늘을 보내는 것이다. 그냥, 혼자서 각오하지 말라. 혼자 하는 각오는 하나마나 한 것이다.

함께 파이팅을 외칠 수 있는 상대가 있어야 하고 그 상대는 바로 거울 속의 당신이다.

오늘 계획을 멋지게 실행하기 위해 어떻게 해야 하는지 당신의 친구인 의지력에 말해 주라. 네가 약해지면 오늘이 얼마나 피곤하고 무의미하게 될지 주지시켜라.

이렇게 아침을 시작하고 틈날 때마다 멋진 오늘의 이미지를 의지력에게 보여 주라. 의지력은 당신만큼 기억력이 좋지 않다. 끊임없이 상기시켜 줘야 최초 결심했던 강인함을 유지할 수 있다. 의지력이 약해지는 기미가 보이면 '이봐, 뭐하는 거야. 나태해지고 있잖아. 좀 더 바짝 정신을 차려. 믿는 건 너뿐이야.' 라고 말해 주라.

버스에서 내려 회사로 걸어갈 때도 천천히 걸으면서 오늘 할 일을 생각하라. 이 일을 어떻게, 얼마나 훌륭하게 해 내야 하는

지 끊임없이 당신의 의지력에게 말해 주라.

 우리는 이런 행동들이 유치하다고 생각하는 경우가 많다. 그러나 이런 행동은 절대 유치한 것이 아니다. 설사 유치하다고 해도 우리의 의지력에 도움이 된다면 유치해도 괜찮은 것이 아닌가.

## 하기로 했으면 하면 된다

　　　　　　　　　일요일, 당신은 새로 맡은 업무에 대한 자료조사를 하기 위해 도서관에 가기로 한 날이다. 누구와 약속한 게 아니라 혼자 '이번 주에는 도서관에 가봐야지.'라고 생각했다. 어제는 친구들과 늦게까지 술을 마셨다. 10시에 잠에서 깼지만 숙취 때문에 아직도 정신이 맑지 않다. 오늘이 도서관에 가기로 한 날이라는 생각이 떠오른다. 가야 한다는 생각과 그냥 집에서 쉬고 싶다는 생각이 치열한 전투를 벌인다. 아, 그런데 이게 웬일인가? 창밖을 보니 비가 억수같이 쏟아지는 게 아닌가.

그로써 판세가 기울어지기 시작한다. '일을 좀 더 멋지게 해내기 위해서는 자료를 찾아야 한다.'는 생각은 '피곤하고 거기다가 비까지 오는데'라는 마음에 밀리기 시작한다. 여기까지는 아직 갈등이 남아 있다. 이제 최후의 일격만이 남았다. '좀 더 쉬고 자료는 인터넷으로 찾자.' 이걸로 짧지만 처절한 전투는 끝난다.

하지만 잊은 게 있다. 당신이 도서관에 가기로 한 것은 인터넷으로는 찾을 수 없는, 좀 더 깊은 내용을 찾으려고 했기 때문인데 그걸 잊은 것이다. 이것으로 당신은 다음 한 주 동안 잘 모르는 새로운 업무 때문에 허둥지둥하게 될 것이고 이번 주 일요일이야말로 반드시 도서관에 가겠다는 결심을 한다. 하지만 이번에는 또 어떤 핑계거리가 생길지 모른다.

하기로 했으면 그냥 하면 된다. 마음속에 뭔가 갈등이 생길 때는 이 말을 항상 염두에 두면 된다. 이래서 안 해도 되고 저래서 안 해도 된다면 평생 어떤 의미 있는 일도 하지 못할 것이다. 장애물은 항상 있다. 어떨 때는 평지이기도 하지만 또 어떨 때는 가파른 오르막길일 때도 있다. 그럴 때마다 피하기만 한다면 후회가 쌓이고 쌓여서 나중에는 그 마음의 부담 때문에 어떤 일도 할 수 없게 된다.

또 다른 자신이 핑계를 찾을 때는 스스로에게 이렇게 말해주라.

"하기로 했으면 그냥 하면 돼!"

# 내 인생을 바꾸는 힘, **의지력**

초판인쇄  2006년 2월 10일
초판발행  2006년 2월 15일

지은이  인근배
펴낸이  장주진
펴낸곳  경향미디어

등록  제22-688호
전화  02.304.5612
팩스  02.304.5613

e-mail : kyunghyang@hotmail.com

ISBN  89-90991-31-5 03320

*잘못된 책은 바꾸어 드립니다.
*저작권법에 의해 보호받는 저작물이므로 무단 전재 및 복제를 금합니다.